立人天地

创新教育模式
让课堂"活"起来
Teacher as Activator of Learning

［美］盖尔·H. 格里高利（Gayle H. Gregory） 著

韩 雪 译

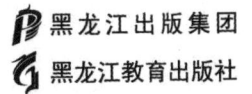

黑龙江出版集团
黑龙江教育出版社

版权登记号：08-2016-096

图书在版编目（CIP）数据

创新教育模式：让课堂"活"起来/（美）盖尔·H.格里高利（Gayle H. Gregory）著；韩雪译. — 哈尔滨：黑龙江教育出版社，2016.12
ISBN 978-7-5316-9044-3

Ⅰ.①创… Ⅱ.①盖… ②韩… Ⅲ.①课堂教学—教育模式—中小学 Ⅳ.①G632.421

中国版本图书馆CIP数据核字（2017）第003341号

TEACHER AS ACTIVATOR OF LEARNING：GAYLE H.GREGORY
Copyright © 2016 by Corwin
Chinese simplified translation © 2017 by Heilongjiang Educational Press Co.Ltd
ALL RIGHTS RESERVED

创新教育模式：让课堂"活"起来
CHUANGXIN JIAOYU MOSHI: RANG KETANG "HUO" QILAI

作　　者	[美]盖尔·H.格里高利（Gayle H. Gregory）著
译　　者	韩　雪
选题策划	王春晨
责任编辑	王海燕
装帧设计	Amber Design 琥珀视觉
责任校对	张爱华

出版发行	黑龙江教育出版社（哈尔滨市道里区群力第六大道1305号）
印　　刷	哈尔滨市石桥印务有限公司
新浪微博	http://weibo.com/longjiaoshe
公众微信	heilongjiangjiaoyu
天 猫 店	https://hljjycbsts.tmall.com
E－mail	heilongjiangjiaoyu@126.com
电　　话	0451—82342231

开　　本	787×1092　1/16
印　　张	16.5
字　　数	200千
版　　次	2017年3月第1版　2020年7月第2次印刷
书　　号	ISBN 978-7-5316-9044-3
定　　价	36.00元

目录 / contents

前　言 ··· 1

第一章　激活课堂气氛 ·· 1
大脑研究与课堂建设的关系 ·· 1
压力的问题 ·· 2
社交孤立的问题 ·· 12
评价自己的班级氛围 ··· 26
总　结 ·· 28
讨论点 ·· 28

第二章　激励教师 ·· 30
个人态度 ·· 30
发展型思维模式 ·· 42
提高幸福感 ··· 47
教学技巧 ·· 49
总　结 ·· 59
讨论点 ·· 59

第三章　激发同伴的作用 ·· 61
课堂上同伴关系的重要性 ·· 61
通过同伴关系激发学习 ··· 64

1

通过同伴辅导激发学习·············80
　　利用交互式教学激发学习·············82
　　总　结···················85
　　讨论点···················86

第四章　激发合作学习···············87
　　为什么教师对小组合作有疑问··········87
　　为什么大脑喜欢在小组合作中运转········89
　　从点滴做起·················91
　　分　组···················93
　　影响小组合作成功的因素············95
　　小组合作学习的实施方法···········100
　　总　结··················108
　　讨论点··················108

第五章　发挥目标与标准的强大作用········110
　　目标的力量：开发潜意识···········111
　　设置每日学习目标·············117
　　顶级目标：涌流··············123
　　总　结··················131
　　讨论点··················131

第六章　发挥评价的作用·············132
　　评估的基本要素··············133
　　如何将评价嵌入课堂·············138
　　总　结··················152
　　讨论点··················152

第七章　发挥反馈的作用 ······ 154
　　需要避免的几种无效反馈 ······ 156
　　教学反馈：有质量的反馈信息 ······ 157
　　同伴反馈 ······ 166
　　元认知：自我反馈的关键 ······ 171
　　总　结 ······ 179
　　讨论点 ······ 180

第八章　结语 ······ 181
　　以学生为中心 ······ 181
　　学生想要的教师类型 ······ 182
　　家长与发展型思维模式 ······ 184
　　合　作 ······ 185
　　微格教学 ······ 187
　　希望和自我认知 ······ 187

参考文献 ······ 189

前　言

　　我一踏进教室，就立刻感受到课堂气氛十分活跃，同学们在激烈地讨论着，在这样的气氛中，我并没有注意到上课的教师在何处。学生们并不像传统课堂上那样一排排坐着，而是三三两两地组成一组，一起讨论，一起学习。这时，我看见教师正在与其中一个小组交流，教师给出具体的建议，引导学生思考。我听着同学们的讨论，问了几个问题，发现他们很明确自己要解决的问题是什么，清楚地知道自己要达到的目标，也了解下一步该做什么。经过仔细观察，我发现学生具有良好的自我管理能力，在课上，会根据需要，借助电脑、手机等科技产品来学习，学习也富有成效。

　　这一切都跟教师的精心设计以及出色的课堂管理有关，运用精心挑选的学习材料让学生知道教师对他们的期望，用成功准则来激励、引导学生思考。学生不仅是知识的接受者，还是知识的构建者，他们有能力自我监督、自我检测，他们要对自己的学习负责。这位教师很成功地激发了学生的自主学习和合作学习。那么，他是如何做到的呢？他到底用了什么方法使学生变得如此活跃、乐于思考了呢？

作为学生学习催化剂的教师

本书旨在介绍能激发学生学习的方法、策略。我们所说的激发学生学习到底意味着什么呢？学习不是一蹴而就的，也不是单方面的，有经验、用心的教师会经过长期的研究、探索，找到激励学生学习动机、活跃学生思维的方法。激发学生学习并不是让学生安静地坐着，被动地听教师讲课，也不是一味地记笔记，而是让学生从内心产生渴望，进而激发学习欲望。大脑中的网状激活系统（RAS）对学生关注、筛选新信息及积累经验有重大影响。它有助于我们将好奇心和兴趣放在有意义的事情上。有些情况也会抑制这种活跃情绪，学习环境就是其中之一。一些与生俱来的素质会与学生的积极状态有关，比如探寻系统。

探寻系统

潘克沙普（Panksepp）说探寻系统是与生俱来的，他通过研究其他哺乳动物，发现人类大脑有7个最原始的情绪加工系统，它们都处于原始水平，能够帮助我们理解目前所定义的学习动机，沙普把这7个系统中最强大的系统称为探寻系统或期望系统，该系统包括好奇心、兴趣、理解能力、预知能力和求知欲，探寻系统对我们所有人来说都是最原始的救生系统，其余的6个系统分别是恐惧、愤怒、性欲、忧虑、悲痛和快乐系统。沙普强调探寻系统是其余情感系统的基础，它能够激发学习者的求知欲和探索欲，并且能激活大脑，提高思维力。这种原始情绪是与生俱来的，对人类交流合作及相互协作方面有重大影响。探寻系统能够激发人们的求生及学习的欲望，使其乐于审视世界、欣赏世界，它是生存的关键因素。教师可将其作为激励学生学习的方法。教育者首先激活学生的探寻系统，之后为他们提供探索、审视及发挥的机会，让他们选择自己喜欢的方法，最后用关于学习与成功的元认知作为指导，这样他们就能保持激情与兴趣。在探寻的过程中，大脑会释放一种物质，名叫多巴胺，多巴胺的释放不仅是对探寻的回馈，更是一种鼓舞，激励人们不断坚持，它能够激发我们追求完美的欲望，促使我们专注于所做的事情。当探寻结束，阿片系统会喷射出一种物质，但其不如探寻过程中产生的多巴胺作用大。探寻系统中可分为3个不同的处理等级，如图1所示。

最主要的探寻过程是渴求过程，是探寻系统的初始阶段，开始探索时，我们会对它产生好奇，并有所期待。在探索的过程中，不断释放的多巴胺也会激励我们坚持不懈。这些都是无须意识参与，但受情绪支配的行为，也被称为觉知感。没有高阶思维或反思的参与，就像儿童，喜欢玩耍是与生俱来的天性，无须思维或反思的参与一样。

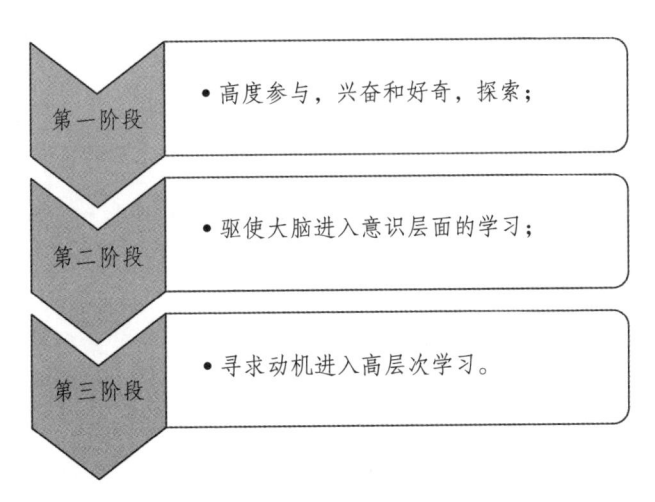

第一阶段 • 高度参与，兴奋和好奇，探索；

第二阶段 • 驱使大脑进入意识层面的学习；

第三阶段 • 寻求动机进入高层次学习。

图1　探寻系统的3个处理等级

进入第二阶段后，就变成了有意识的活动，即有意识和认知的"觉知感"，到这一刻，真正的学习才刚开始。将要学习的知识与已学到的知识联系起来，或与现实生活相联系，以便更好地学习，在该阶段，如果获得快乐和成就感，进入下一个阶段，我们就会乐于再次尝试。经过不断地重复、尝试，在神经元间会形成错综复杂的树状关系，彼时便生成了记忆。丰富的资源、多重感官参与和趣味活动都会加强此环节。赫布（Hebb）认为一起放电的神经元会串联在一起，因而形成记忆。大脑的发育取决于先天基因间的相互作用及后天的生活环境和生活质量。

第三阶段的发展与成熟有关。显而易见，进入该阶段，学习者可以超越现有思考，且具有超高的创造力、想象力，能够合理、有效地整合信息资源，合理制订计划，有效地解决问题。如此复杂的思考被称作执行能力，包括有意识地控制思维及进行自我调节。我们可通过多种方式提高执行能力，比如在面对困难或出现意外情况时，要求学习者能用高阶思维解决问题。

在过去的几年里，教育者一直强调教师应该从过去的讲坛上的圣人向学生身边的向导转换，从知识的讲授者向学生学习的促进者转换。约翰·海蒂（John Hattie）认为仅仅促进学生学习远远不够，他强调我们需要知道"促进者"角色与"催化剂"角色之间的区别。"促进者"仅仅是学生身边的向导，扮演着指导学生学习但不参与的角色，而"催化剂"则是完全融入学生学习，与学生共同学习。这也意味着新型师生关系，即"我不是孤军奋战"或"我们一同进步"。

在平时的教学中，如何实践这些？如何区别教师是扮演着"促进者"角色还是"催化剂"角色呢？海蒂举了一些例子，如果一堂课，教师采用个别化教学、网络教学及启发式教学策略，运用游戏比赛、模拟实践的方式激发学生的上进心及求知欲，设计探究式活动引发学生思考，并倡导以解决问题为主要学习目的，那么这位教师便扮演着"促进者"的角色。而扮演"催化剂"角色的教师则会采用交互式教学方式，运用元认知教学策略，设计合理的任务，师生间自由讨论、沟通，通过反馈信息掌握学生的学习情况，更多细节见表1。

表1 "促进者"教师和"催化剂"教师的策略

"促进者"教师	"催化剂"教师
• 设计游戏和模拟实践； • 问题和任务； • 注意性别问题； • 在线学习； • 整体语言使用； • 归纳探究方法。	• 同伴互动与教学； • 质量反馈； • 培养自我反思和元认知； • 运用直接指导； • 力求精通； • 适度挑战； • 运用深思熟虑的评估方法。

本书为教育工作者讲述海蒂与其他一些教育家认为的高效、具有影响力的教学策略，并向我们展现将此教学策略用于课堂的实践方法，此项研究对教育者非常有帮助，且意义深远。教育神经科学一直关注我们的实践，并促使我们不断地质疑以往的方法，以找到教育出多样化学生的更佳策略。人类的大脑虽有一些共性，但也有其特性。研究得到的策略在特定的氛围中才会发挥最佳作用，如良好的学习氛围，鼓励学生自由发挥，允许学生提出异议，让学生意识到犯错是学习的一部分。

从"促进者"到"催化剂"的转变并不需要高额资金的投入，也不需要更换新课本，只需转变思维，转变我们对学校功能的理解，即学校不是工厂，而是解放思想的摇篮。为了激励学生，激发他们的潜力，教育在一

创新教育模式：让课堂"活"起来

些方面需要做出改变。

改变学校

很多学校自20世纪开始就没有任何改变，在很多课堂上，教学模式仍然是"坐好，认真听"，这种情况在高年级更普遍，美其名曰为你上大学做准备，殊不知有很多学生根本没打算上大学，但仍要容忍这种模式。课堂上用板书和教师主讲的教学模式，而且以后会将黑板换成大屏幕，即借助PPT授课，但仍然是教师主讲。一些教师甚至认为这种教育方式如果对他们的教育管理有利，那么对学生的学习也有利。

教师在班级里总能发现一些逆来顺受的学生，他们只在乎取得好的成绩，这些人在某种程度上有些自满，循规蹈矩地向教师及家长期望的方向发展，将别人眼里的成功视为自己奋斗的目标。从不问问自己是否乐于学习，是否对学习感兴趣。

曾经只有不足1/4的学生能够成功，这类学生一般处于曲线的顶端，本身具有强烈的学习动机。如今，时代在变化，仅仅这些学生成功不能满足社会的需求，也不能让我们这些教育者满足。

我们不应将学生的失败归于学生自身缺乏责任感，没有毅力。如果学生没有尽到学习的义务，一般是因为课堂枯燥无味，毫无挑战性，一味地强调死记硬背，关注学生考试分数，使他们不得不机械地完成任务，这样的学习模式根本吸引不了他们。为了得到教师对学生的热情指数，研究者调查了几千名教师，其中涵盖了各个年级段，结果耐人寻味。研究发现，在幼儿园阶段，教师对学生的满意度为95%，但到了九年级，满意度下降到37%。由大都会基金会赞助的研究显示，学生对教师的满意度也是呈下降趋势。从幼儿园阶段的54%下降至九年级的40%，甚至下降得更多。因此，教师和学生都渐渐失去了对彼此的信任。

认知科学家丹尼尔·威林厄姆（Daniel Willingham）在他的著作《为什么学生不喜欢学校》（*Why Don't Student Like School*）中说："学生之所以不喜欢学校，是因为教师不懂大脑的运作，所以他们很难做到最好，经过长达30年的探索，我们取得了大量成果，我们应该高度重视这些成果，毕竟我们研究的主要领域是大脑。"关于学习者的大脑运转，马里思·戴蒙德（Marian Diamond）教授在数年前提出，所有的教育者需要了解大脑是如何运作的，也应该了解这类有利于学生学习的知识。莱斯利·哈特（Lesley Hart）认为，一个不知道大脑如何运作的教师就像一个不知道机器如何运转的机械工程师一样。威林厄姆同样指出，如果我们能够将我们对大脑的了解应用于教学，学生就有可能会喜欢学校，喜欢上学。他还认为现在的学校更像监狱，与监狱的区别在于学校有法定年龄的限制，你无须犯罪便可进入。

当孩子们向高年级迈进时，课堂上新颖性、趣味性及自主性的活动都在减少，学生变得越来越不专心，越来越不积极，只是消极地坐在教室里，被动地听讲。事实上，很多孩子不喜欢学校不是因为其像监狱，而是因为"看守人"不能激活他们的大脑，不能激发他们的斗志。

改变教学策略

在传统的教室之外，世界的发展迅速多变，现在的学生生活在信息时代，学生应该紧随时代潮流，学会如何获得信息、分析信息，将信息创造性地应用于实践。学生的大脑也不是一成不变的。如今，现实世界中的科技信息琳琅满目、瞬息万变，远比课堂更具吸引力。学校正在与这样的世界争学生的"芳心"，看谁能够更吸引学生，谁能获得更多的关注。如果一个课堂充满互动，可以自由地讨论，能够锻炼学生的问题解决能力、动手能力，提高学生的创造能力，并能提供深层次的学习机会时，相信学生会更喜欢这个课堂。大量实践证明，改进过的教学策略不仅能激励学生、吸引学生，也能提高学生的学习效果。运用这些教学策略，教师也能从中获益，他们比以往更加敬业、更加热爱教学了。

并不是所有的教师都是专家，并不是所有的教师都有高效率，也不是所有的教师都对学生有巨大的影响。

——海蒂

为了向激励学习模式转变，对教师的教学评价也应做出改变。过去对教师的教学评价通常是依据学生的学习成绩，如今我们要鼓励教师采用新方法教学，以便更好地教育学生。

教育的改变既简单又复杂，全依赖于教师的理念与行为。

——萨拉森（Sarason）

因此，当务之急不仅要激励学生，还要激励教师。教师技能不该再局限于循证的教学策略，而应努力成为"教学智者"。教师需熟练掌握这些教学策略，以便与教学内容、教学技能及学生的爱好结合在一起，能够了解完成学习目标的时间，自如地根据实际情况适当调整策略，并及时给出反馈。

改变课程

数年前，玛德琳·亨特（Madeline Hunter）就提出，如果我们的教学仅仅是要"涵盖课程"，那我们无异于先挖了个洞，再将这个洞填了一样，没有意义，更糟糕的是由于标准化测试的要求繁多，课堂上有太多需要"涵盖"的知识。即使完成每一个K-12目标仅用30分钟，那我们还需花费9年多的时间来复习。马尔扎诺（Marzano）建议把精力放在重要目标上，即重点学科上，这些科目的重要性是亘古不变的，然后深层次地挖掘学生的理解能力，一旦形成深层次学习，很多其他的问题就迎刃而解了。有意义且相关联的知识对大脑知识体系的建构有十分重要的意义。

日复一日地与学生打交道，教师也许会对学生的不同阅读水平、兴趣爱好有点麻木，不再关注那么多了。学生间的差异较大，面对如此多的差异，一些教师将问题归结于学生，认为有些学生就算怎么学都学不会。然而，问题不在学生身上。如果教师能够激励他们，课程能让他们感兴趣，每一个学生都会有所学、有所获。下边是我们了解的一些情况。

- 学生所处的社会阶层和之前的成绩都不重要，对学生的成功没有影响；
- 所有学生的潜力无穷大，差异性是他们的特征之一；

- 重要的是教学策略而不是教学风格，混合型教学策略才是所有教学者的福音；

- 高期望下，学生会发挥得更好；

- 指导很重要，督促学生进步，鼓励学生在需要时寻求帮助，便能成功；

- 教会学生自我监督、自我评价，他们需要知道与目标的距离，以便调整策略，把握节奏；

- 同龄人之间的交流沟通和社会的支持对学生的发展有一定的作用；

- 反馈是成功的第一步，批评与反馈是成功的垫脚石；

- 自律非常重要，学生需要知道"事情是否值得期待，全靠自己的努力"。

改变学习可见性

约翰·海蒂认为，教师需要从学习者的视角看待学习，而学生则需站在教师的角度看待自己。换句话说，学生在学习的过程中扮演积极角色，即自主设定目标、制订计划、评价自己的进度等。

超过15年的研究里，海蒂对1200个案例进行分析及计算，总结出最能影响K-12年级学生发展的因素。研究的学生人数多达2.5亿，最大限度地收集了提高学生学习的循证发现，是迄今为止关于这一领域相关研究最为完整的记录与总结。他的著作旨在分享研究成果，即学生和教师要成功需要注意的因素。其中最主要的3个因素分别是：提出明确具有挑战性的学习期望，使成功可视化，利用学习策略提高教师及学生的概念理解。

　　海蒂把0.40作为一个学年里学生的标准生长偏差基准，这一基准是公认的典型转折点。若只靠个人生活经验而无他人教授的情况下，学生的平均成绩影响值每年会增加0.10。若只在一般水平的教师的指导下，学生的学业成绩影响值则会提高0.30。若两者结合起来，即个人生活经验加上正常的学校教育，学生的学业成绩影响值在一年内会增加0.40。也就是说，只需一点点调整，我们就能得到期望值0.40。然而，若想超过这一数值，就需要寻找方法，付出努力了。图2列举了一些可能性。

　　最重要的是教学过程对学生可见，学习过程对教师可见，让越来越多的学生成为讲授者，越来越多的学生成为学习者，那时就会取得更高的成就。

——海蒂

负影响值：−0.20~0。	影响值较低：0~0.20。	影响值较低：0.20~0.40。	基准值：0.40。	影响值较高：0.40~0.80。	高影响值：≥0.80。
负面影响。	待提高影响。	教师影响。	年平均影响。	超过年平均影响，积极影响。	具有超高正影响，值随数字依次增加。

图2　基准偏差

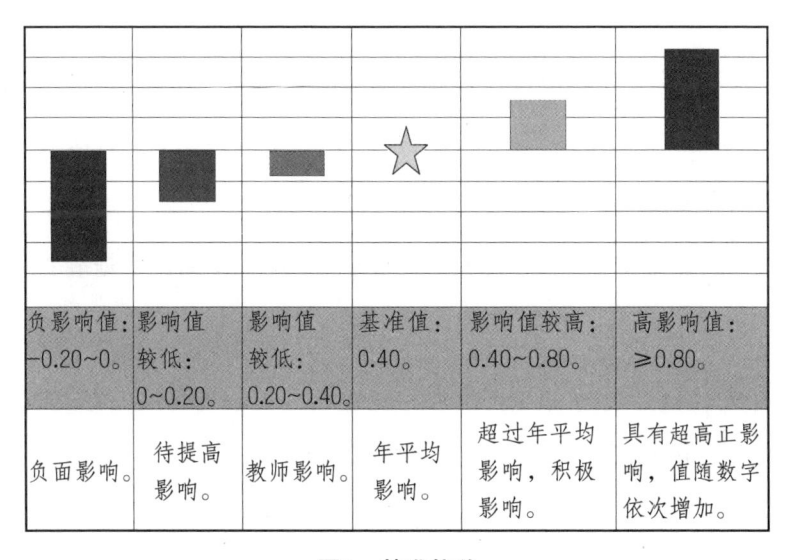

我们的目标很明确，就是让影响值超过0.40，我们要如何达到这一目标呢？海蒂分析、计算了前150个最影响学生发展的因素。分析整合到以下6种因素：孩子自身因素、家庭因素、学校教育、教师教育、课程设置因素及教学方法。

• 学生的自身因素影响着其在校成绩，海蒂提示我们，孩子进入学校，就是先天遗传和后天教育相结合的过程；

• 家庭因素对学生的发展作用不可忽略，良好的家庭环境促进学生的发展，反之，会阻碍学生的发展；

• 学校因素主要表现在课堂氛围和同龄人之间的相互作用，这也与学校文化有关；

• 教师对学生的发展起着关键作用，教师的性格、教学质量、营造的课堂氛围、教师对学生的期望及鼓舞等都对学生的发展有重要影响；

• 课程的设置要统筹浅层次学习和深层次学习，课堂理论与社会实践要相结合；

• 教学方法包括设定目标、制定成功标准、促进学生参与度、个别指导、小组合作、利用多媒体教学、课后学习等，合适的教学方法对学生成绩的提高有重大作用。

海蒂的研究表明，学校是最能营造学习氛围的场所，也是最能发挥同龄人之间相互影响的场所，又是最容易让学生产生不良行为的场所。同时教师也会设定自己对学生的期望值，选定教学方法，最主要的是提高教学质量，而教学质量的高低需由学生来评价。

改变影响最深的因素

在书中,我试着找寻影响值高于转折点0.40的影响力,以求找到最具影响力的因素。这些影响力大小的排名及附加列表无疑会给上课教师带来不小的压力。很多影响因子都是可以相互结合的,也有一些是相互支撑的,待你读完本书,自然会发现。

第一组　课堂气氛

第一组因素非常关键。营造一个良好的学习气氛,便于学生畅所欲言,激活灵感。以下领域对学生发展具有中高级影响力,影响值超过转折点0.40。

- 与学习有关的自我效能感:0.80;
- 发展师生关系:0.70;
- 课堂行为与学生行为:0.68;
- 减少对学生的归类:0.61;
- 课堂管理——常态管理及期望管理:0.52;
- 教师对学生的期望值:0.43。

第二组　同龄人间的协作与支持

将几种领域结合,一同促进同伴间的互动协作,加强他们的沟通,利于构建一个和谐的班集体。

- 班级讨论而非单纯地教师主讲:0.82;

- 学生间的相互学习，相互指导：0.82；

- 协作学习相对于单打独斗：0.59；

- 同伴辅助：0.56；

- 协作学习相对于竞争学习：0.54；

- 积极氛围中同伴的影响力：0.53；

- 小组合作学习：0.42。

第三组　教师素养

教师素养与专业对学生的成功有极大的影响，如果一位教师不断地学习，掌握并运用多种高效教学策略，坚持不懈地增加自己的知识储备，完善自己的技能，那么他对学生学习的影响是巨大的。因此，教师的素养与学生的成功息息相关。

- 教师的威信，教师是否知识渊博、多才多艺及是否受学生爱戴：0.90；

- 教师语言的清晰度，在讲解、举例时是否用学生能听懂的语言：0.65；

- 教师采用的教学策略，是否采用不同的教学方法：0.62。

第四组　评估与反馈

提出明确的学习目标、给出有价值的信息反馈和加强元认知都是发展学习者自我评估能力的关键。

- 学生根据目标，自我评估、自我调整进度的能力：1.44；

- 及时给出形成性评价：0.90；

- 来自教师、同伴及自我的反馈信息：0.75；
- 依据任务及进步而进行的元认知及自我评估，经过反思再重新定向：0.69。

改变行为：热情的重要性

教师在教学过程中嘻嘻哈哈或是易怒也不是什么大罪过，但是这样的教师会被认为不敬业，缺乏认知焦点且被认为是对教学不严肃。热情包括纯粹地热衷于学习，热情具有易感染、可传递、可模拟、可教授的特性。年幼的孩子看起来能够表达对学习的热情和激情。当挑战新任务或学习新知识、新技能时，他们表现出愉悦。在他们学会新的技能时，如潜水或烹饪一道美食，他们会表现出享受的样子。生命中充满了无尽的挑战，充斥着各式各样的新技能，我们需要耐心与毅力战胜它们、掌握它们，直到我们能够对它们运用自如。

道格·里夫斯（Doug Reeves）认为在经济时代，学校资源缺乏，热情就是那源源不断的动力因素。学习并不总是简单、快乐的过程，它需要集中精力不断地联系才能迎接挑战，获得成功。

改变思维方式

亨利·福特（Henry Ford）有一句名言：你认为自己行，你是对的；你认为自己不行，你也是对的。从那时起，这方面的研究结果也仅仅是加强了这一论述，即你期望的样子就是你未来的样子。世界闻名的斯坦福大学心理学家卡罗尔·德韦克（Carol Dweck）经过数年的研究，得到的结论也验证了这一点。每个人都会对自己的潜力和能力有所评估，人们将自己的成功或失败归于自己对自己能力的评估。德韦克定义了两种与能力有关的最基础的思维模式，一种是固定型思维模式，一种是发展型思维模式。

拥有固定型思维模式的人通常会认为自己和他人的能力、智商、才能等是与生俱来的，是不可能改变的。拥有固定型思维模式的学生倾向于不敢挑战，害怕自己无法克服挑战中的困难。拥有固定型思维模式的教师倾向于根据自己的猜测将学生分类，他们会给自己认为聪明的学生设置具有挑战性的任务，培养他们，以期获得成功。而给他们觉得一般的学生设置普通任务，对他们期望也不高，也不会主动培养他们。

拥有发展型思维模式的人通常认为每个人都有无穷的潜力，都可通过努力塑造性格，掌握技能，认为能力是可以通过后天努力提升的。拥有发展型思维模式的学生相信熟能生巧，通过努力便可获得成功。拥有发展型思维模式的教师，会把精力和时间放在所有学生身上，并给他们提供机会，锻炼他们，会不断尝试各种方法教导学生，直至他们成功。

当然这些思维模式并不是一成不变的，德韦克发现拥有固定型思维模式的学生占43%，拥有发展型思维模式的学生也占43%，剩下的学生的思维模式不固定。学生的思维可随环境而改变，有些学生在学业的某些方面有固定型思维模式，如数学学不好，在另一些方面却有发展型思维模式，如曲棍球打得很好、吉他弹得很好，见表2。

表2　发展型思维模式和固定型思维模式的对比

	固定型思维模式：智力是天生的，后天不管怎么努力都不会提高。	发展型思维模式：智力是可以提高的，取决于你是否努力和拼搏。
挑战	回避。	享受挑战的过程。
障碍和挫折	抵抗、容易放弃。	越挫越勇。
努力	不认为努力就会获得什么。	认为努力是战胜一切的法宝。
反馈	忽略反馈。	喜欢反馈并应用反馈。
别人的成功	认为别人的成功会威胁自己的成功。	从成功者身上学习经验教训。
学生们	无法开发学生的潜力。	超出期望，不断开发自己的潜力。

作为教育者，在课堂上，如果我们能够激励学生学习，激发学生的潜能，那么就会对学生产生深远的影响。如果我们不能拥有发展型思维模式，我们就会把学生的失败归因于学生的自身问题，而不会思考自己如何帮助学生提高能力。作为教育者，我们面临的挑战是改变自己的思维模式，也要改变学生的思维模式，尤其是在自我认知及自我潜能方面的思维模式。

德韦克认为在学生进入校园时就已经形成了自己的思维模式，但是有经验的教师能够影响该思维模式。实际上，经历可以改变我们的思维，如学习新技能。众所周知，神经元连接过程是可以利用锻炼加强和巩固的，即刺激树突，再经过细胞体、轴突等连接神经元。通过锻炼改变大脑的方式，我们称为神经可塑性。这是发展型思维模式可塑性的铁证。在最佳环境中，即在活动丰富多彩、资源丰富、多重感官相结合与他人一同协作互动时，会满足大脑的连接所需，进而加强大脑连接。

本书尊重大脑的可塑性，我们试图找到所有可以激励学生学习的因素，以便促进学生获得成功。本书结合海蒂的分析和有关神经科学的知识，调查分析最能影响学生学习的因素，包括使用大脑策略，还会对能促进学生学习的所有因素加以分析。

本书框架

第一章　激活课堂气氛

　　第一章将焦点放在最新神经系统科学研究成果上，使之为教育神经系统科学服务，因为前者的理论研究有很多关于营造良用大脑的环境氛围的。大脑运转的环境对学习者而言并不是"可有可无"的，而是他们发展的必要因素。过去所谓的控制、压力、惩罚和"一刀切"的方法已经被最近的大脑科学研究成果证明是错误的。采用实践策略营造良好的学习环境，鼓励学生敢于尝试，勇于冒险，允许他们犯错误，支持相互合作。避免给学生增加不合理的压力，鼓舞学生开动脑筋，深度思考，并培养他们自律的能力，支持他们向成功迈进。

第二章　激励教师

　　本章不是讲教学，而是关注学习。教师是给学生创造学习机会的关键，很多人将学生的成功归功于老师。

第三章　激发同伴的作用

　　本章建立在积极向上的环境中，研究同伴间的相互影响，元分析得到对学生的影响值为0.55，神经系统科学也证实了这一说法。这也告诉我们如何能使教育者增强与同伴的关系，如何促进他们在课堂上沟通互动。

第四章　激活合作学习

研究最深入的教学策略之一是小组合作学习，然而这一策略并未在课堂上流行起来。虽然学生经常被分为几个小组，但并没有收到效果。还产生了很多课堂管理问题，老师最后不再采用小组合作学习的策略。本书主要讲述如何建立有意义的小组合作。

第五章　发挥目标与标准的强大作用

可见学习认为学生应该用3个问题指导他们的学习：（1）我要取得什么成果？（2）我应该如何做才能成功？（3）下一步该如何走？本章主要讲述目标和意图的重要性，以及如何激励、监督学生，并帮助学生计算通往成功的距离。

第六章　发挥评价的作用

很多学校和课堂都拥有强大的数据，但信息却少得可怜。标准化的测评虽可提供很多数据，但并不能为教师所用。本章回顾了如何测评学生的学习，以及如何给出有效反馈。教师可利用测评与反馈信息调整讲课计划，并安排下一步。本章主要通过收集信息化评估，包括提前预测和正在进行的学习预测来确定"我们该如何做"及"下一步该如何做"。

第七章　发挥反馈的作用

学习者想不断地监测自己的进步情况，想要成为评估能手，就要充分利用一切反馈信息，例如来自教师的评价、同伴的评价、自我评价和元认知。学生需要反馈，教师也需要反馈。学生的声音与反馈对教师的成长与成功亦不可少。

第八章 结语

  本章是本书的最后一章，主要是整合零碎的信息，阐述教师如何利用自己的专业技能促进学生学习，提高学生的测评能力。

第一章　激活课堂气氛

课堂气氛有时也被称为课堂文化，是由一系列的因素共同影响的，而这些因素有时很容易被大家忽视，通俗点说就是课堂上的感觉。教室里的一切都会影响到课堂气氛，比如墙上的画、物理对象的多少、布局、班级学生的主流表情、采用的教学策略、学生讲话和沉默的时间，这些都是课堂气氛的一种表现。

神经系统科学让我们了解很多关于大脑运转的知识，其中一点知识非常明确：学习环境对大脑有影响。孩子并不是机器人，他们受环境的影响。影响课堂气氛的因素也会具体地影响孩子的大脑，这会直接影响到他们学习的好坏。

本章主要探讨影响课堂气氛和学生大脑的因素，尤其是课堂上最常见的两个问题：压力和社会隔离。

大脑研究与课堂建设的关系

大脑研究对课堂建设有巨大的启示作用。虽然神经系统教育科学不会告诉我们如何具体地建设课堂，但是它的研究发现却可以帮助我们更好地选择最佳的教学方法。神经系统教育科学指的是教育者借助神经系统的研究发现调整教学，约翰·吉克（John Geake）教授是典型的神经系统教育家，他还是牛津认知神经系统教育科学论坛的共同创始人，他强调神经系统教育作为一个领域研究的重要性。

通过神经系统科学的研究，让我们不断地了解大脑功能。这给学习、记忆、激励等教育问题提供了答案，因此神经系统教育科学在课堂应用及教育专业领域变得越来越不可或缺。

——约翰·吉克

前面提过，学生学习最大的两个问题是压力和社会隔离，接下来，我们就研究课堂氛围是如何影响这两个问题的。虽然给每一个问题设置不同的挑战，但基本原则是一致的，即学习需要一个安全、支持性的氛围，以便学生能够激活前额叶，专注于学习，而不仅仅关注生存。

压力的问题

压力的阻碍

大脑永远把生存放在第一位，寻求生存最原始的方法之一就是观察周围是否安全，当危险情况发生时，如遇到趴在草丛里的剑齿虎，地震前的地面震动或是手拿武器的凶恶之人，都会引起大脑释放像皮质醇和肾上腺素那样的应激激素，大量的应激激素会迫使身体采取行动。

扁桃腺经常被称为大脑情绪的哨兵，因为其处于大脑的边缘系统，用于处理环境因素。一般情况下，扁桃腺会将信息传至具有信息执行功能和长时记忆的前额皮质（PFC），前额皮质会根据这些信息对外界刺激做出反应。常态下，人们面对刺激物时可以控制自己的反应，并做出自己的判断。然而高度紧张时，如感受到威胁或恐惧，边缘系统会在这时起作用，前额皮质会停止发挥作用。因为时间紧迫，根本没有时间分析信息，也没有可选择项，更别说找到良策了。大脑会让人立刻做出反应，一般有两种反应：抵触和逃避。大脑释放应激激素时，思维和言语功能实际上已经丧失了，整个大脑都用在如何应对现有的危险状况上。

然而，当下绝大多数的教室，既没有剑齿虎，也没有生存威胁，压力到底是如何影响学生学习的呢？其实威胁不仅仅是指人身安全受到威胁，学生可能会害怕丢脸，担心被嘲讽、被欺负，强迫、失败或困惑都有可能给他们带来压力。一些刺激因素，如不友好的同学，不关爱学生的教师，任务难度高于现有水平，甚至紧张的家庭氛围都会造成他们的紧张。这些因素会使孩子处于生气、恐惧或悲伤的情绪中，而这些情绪是由原始脑部区域产生的。我们知道一旦原始边缘控制脑部，前额皮质就不再起作用。此时，因为边缘脑部系统无暇顾及其他方面，所以人们无法集中精力学习。在这种情况下，不是学生不集中精力学习，而是他们的脑边缘系统处于高度警惕状态，一心只想求生，所以他们根本无暇关注学习。

海蒂关于焦虑的分析研究显示焦虑对学生的学习影响值为0.40（大多数研究分析的是考试焦虑和数学运算）。考虑到过度压力对大脑加工新信息的影响，为学生合理挑选任务，给予情感支持是教师可以采用的最有效策略之一。过多的压力和过度的威胁可能是影响学生学习成绩最重要的因素，因此，教师需要将压力和威胁控制在合理范围内，这样才能激励学生学习。

目标是将压力控制在适当的范围

有适当的压力是有益的,因为它可以激发人们高昂的斗志,使他们全力以赴。适当的压力在短期内能够帮助人们克服困难,没有压力就没有动力。神经系统科学家安东尼奥·达马西奥(Antonio Damasio)给出适当的压力定义:压力产生在战胜刚刚超出挑战者的现有能力水平的挑战时。他把这称作最大认知效率,同样卡比(Kirby)等人发现,在压力刚产生时,会促使大脑产生新细胞,记忆力随之提高。

然而,当压力水平超过正常水平,或压力持续时间过长,此时压力是不益的。卡比的研究发现,压力在时有时无的时候,才会产生益处,即不能有长时间的压力。压力超过一定时限,便会抑制脑细胞分裂。对于孩子而言,他们体内每天的皮质醇和肾上腺素的量,与战场上的士兵类似,孩子们无法在这种持续的压力状态下学习。

应对策略　调节教室内的压力水平

教师虽不能完全消除学生生活中的压力,但他们可以降低学生在教室中的压力。卡比和戈尔曼所言的有利于克服困难的压力是较低水平的压力,即不能高到使前额皮质停止活动,且不能是长时间的压力;即时有时无、断断续续的压力,但要将压力控制在合理的水平,控制压力持续的时间需要长时间地调整和改变。

所以,教师该如何把握这个度呢?教师可以根据以下几个方面调整、监测。

客观原因

一些学生很难长时间坐在教室里,若学生想要活动一下或是讲话,尽量满足他们。在要求长时间坐着,且不准说话时,就是不断地给大脑传递消极的反馈信息,从而使大脑处于压力状态下。教室的布局也是客观原因的一部分,一些学生也许会感到孤独且需要多和同学们交流。

智力原因

眼前的任务远远高于自己现有水平或教师指导不明确时,学生往往会有压力。然而当任务难度远远低于学生的现有水平,或任务毫无意义时,他们就会感到厌倦乏味,无论是厌倦还是沮丧都无益于学生发展。在这两种情况下,学生要么是"头昏脑涨",要么是"敷衍了事"。学习成绩退步会影响他们的自信心,加强他们的消极思维模式,而且学习的欲望也会消退。

情感因素

当被同伴孤立且无精神或认知系统的支持时,学生就会产生压力感。营造良好、持久的氛围是保障学习时间及学习质量的关键。最基本的礼貌和善良也非常重要,正如赫斯迟(Hirschy)和布拉克斯顿(Braxton)所说:"学生若没有礼貌,不仅会影响他们的学习成绩,还会给以后的成功带来不利因素。"

教师可利用前额皮质,营造积极的课堂气氛

教师可通过提高思想与概念的新颖性、趣味性,从而激发学生的好奇心。当然,一切都需要以不给学生造成过多压力为前提。开展新体验能够激发对哺乳动物生存很重要的探寻系统,还能够促进多巴胺的释放,这些都有利于大脑理解信息、概念并将学习内容转化为长期记忆。所有容易引

人注意的因素，如音乐、色彩、刺激、矛盾事件、异常现象和疑难问题等，不仅可以激励大脑，还会在没有威胁的情况下，促进大脑集中精力，提高提取信息并加工信息的能力。

如果有很多机会去探索新事物，联结新旧概念，想必学生会非常激动，备受鼓舞。例如，教师从一流博物馆借来多种多样的工具及设备供学生使用时，学生便会积极地研究它们，并猜想先驱者们是如何利用这些工具的，然后形成头脑风暴，思考当下，我们是利用何种工具替代它们，以求获得类似的功能。在这一活动中的协作与推算，会让学生在探寻系统的第二阶段产生极大的兴趣和深度探究的欲望。

当课堂中的挑战任务难度适中时，当课堂氛围积极向上、轻松自由时，学生更易大胆发言，勇于挑战，做好自己。若学生没有过多压力，且能够得到同伴和教师的支持与鼓励，那么在完成任务的过程中就会满足大脑的求知本能，达马西欧（Damasio）将此称为最大认知效能，该隐（Caine）将这一现象称为"放松性警觉"。

策略 1 给出明确的期望效果十分重要

有些学生喜欢挑战未知，期待突发情况，但并不是所有的学生都如此，有些学生面对未知情况会产生巨大的压力，这指的是"预期焦虑"，即面对未知，联想到很多威胁，因而造成压力倍增。在不知道将会发生什么，条件不明确，或预期效果模糊不清时，他们就会变得焦虑紧张。

课堂上，若能明确地给出期望值，学生的表现会更好，即对要解决的问题有一个明确的、持续一致的步骤方法，可以预见结果的时候并不是说不能有偏差，与之相反，会经常产生一些新鲜事物，以吸引学生的注意力，并激活他们的大脑，只不过在增加新鲜事物时，我们会利用清晰的支持性教学，来缓解学生对未知的焦虑。如此一来，就可以减缓压力，减轻焦虑，提高学生的注意力，促进大脑将精力用于学习和思考。

我的很多学生进入教室便会问："今天我们做什么？"看到他们的热情，我很开心，同时，我也知道他们是想明确知道今天的学习目标，想了解今天学习的内容，也想通过询问判断今天的课是否有趣。明确目标可以帮助学生清楚一天的安排，可以让他们提前为将要出现的挑战做好准备。

为课堂或学习单元拟订计划，提前告知学生课堂内容、任务及有可能出现的活动。大脑喜欢弄明白自己要做什么，这不仅会激发学生的好奇心，还会为即将学习的知识做好心理准备，促进知识的掌握。提前将学习

```
日程：2015年1月15日 星期四
今日无须使用记事本
1.突击考试；
2.复习句型：我有……谁有……
3.关于伊利诺伊州的危险游戏。
```

```
日程：2015年1月15日
1.关于细胞学习的目标；
2.细胞游戏：复习术语和结构；
3.写出细胞分类，解释每个细胞构成部分的功能。
```

```
今日日程
• 9点与搭档见面，检查家庭作业；
• 与项目组组员讨论，确定时间表；
• 与组员一起设计出要做的事情列表；
• 与同伴分享哥伦布的旅程；
• 搭档合作：完成拼图阅读和时间结构图；
• 将搭档取得的成绩用思维导图的形式画出来；
• 写出你想着手研究的部分；
• 与小组成员一起讨论自己要研究的部分；
• 进行20分钟的研究；
• 准备分享工作成果。
```

图1.1　日程样板

材料告知学生，对学生学习也很有帮助。可以简单地将学习资料等文件拍照，张贴于教室一角，供学生查看，不用教师再口头通知学生，也免去了学生间的转述。视觉材料比听觉材料更明确，更具有连贯性，教师也不用一遍一遍地重述，就能收到很好的效果。目前已证实，大脑集中精力在视觉材料上的时间多于听觉材料。图1.1向我们展示了一些学习计划。

策略2　标准与目标

除了学习计划之外，学生还需清楚地了解任务目标与评价标准。目标与标准必须明确，可以通过不厌其烦地重申评估准则，让学生时刻关注评价标准，以调整自己的学习进度，这样也有利于减轻压力。拥有评估方法的选择权也在一定程度上让学生有驾驭感，从而减少焦虑。评估准则及计分量表的利用可以帮助学生集中精力，监测自己的进度，以便于实现目标，取得个人成功。

策略3　惯例与程序

采用统筹方法也会降低预期焦虑，加速双侧前额叶的运转，这会减轻压力，减少不必要的注意力分散。程序与惯例会为大脑建立不同的模式，促进学习材料、学习资源的管理与转换，促进学生间的积极交流互动，从而增强学生的专注行为。

参照以下几点设定程序与行为（尽可能让学生参与）：

- 课堂开始与结束；
- 资源与材料加工；
- 任务完成后的多种选择；
- 当不知道如何做的时候该怎样继续进行；
- 寻求帮助与支持；

- 组建学习小组；
- 礼貌行为。

让学生讨论这些程序与惯例并给出建议与想法，是将讨论过的程序与惯例用于学生现实学习的一种很好途径。由学生自己贡献的想法会加强他们的集体荣誉感，很多时候学生可以想出很多很棒的想法，如能将自己的想法用于实践，那么他们十分乐意贡献自己的一份力量，这也是受其自身的控制欲和自主意识的影响。

这些研讨过的程序张贴在教室中，以便学生需要时参阅、利用。这可以节省很多时间，教师也不必时刻强调、一遍一遍地重申。大脑的注意力会集中在此时需要注意的地方。学习环境与大脑功能的发挥实际上具有关联性，积极和谐的氛围能够让学生在情绪以及心理上有安全感，能够激发学生的认知。此外，这些程序与惯例还会提升学生的自我效能感和他们的自主意识，增强他们的成熟感与满足感。

最初阶段，需要经常温习这些程序，也许通过经常性的展示与操练，学生们会将这些程序熟记于心，更能明白其中的意义。当然，如果这些程序在某些地方不适合学生或不适用于课堂，也要允许学生修改，使它们更加适用。长时间的重复可以让学生自然地掌握这些知识与技能。

一些惯例可视觉共享，ASCD公司网站上就有程序的视频例子。

例如，建立程序的一个例子："当你卡住的时候怎么办？"遇到思维卡住的时候，整个班级的学生可以通过讨论给出建议或提供有效解决方案。这既可以是整个班级集思广益，也可以是几个小组之间共同讨论解决方案。这也是学生参与，提出自己意见和建议，建立信任和共识的例子。一些样例见图1.2。

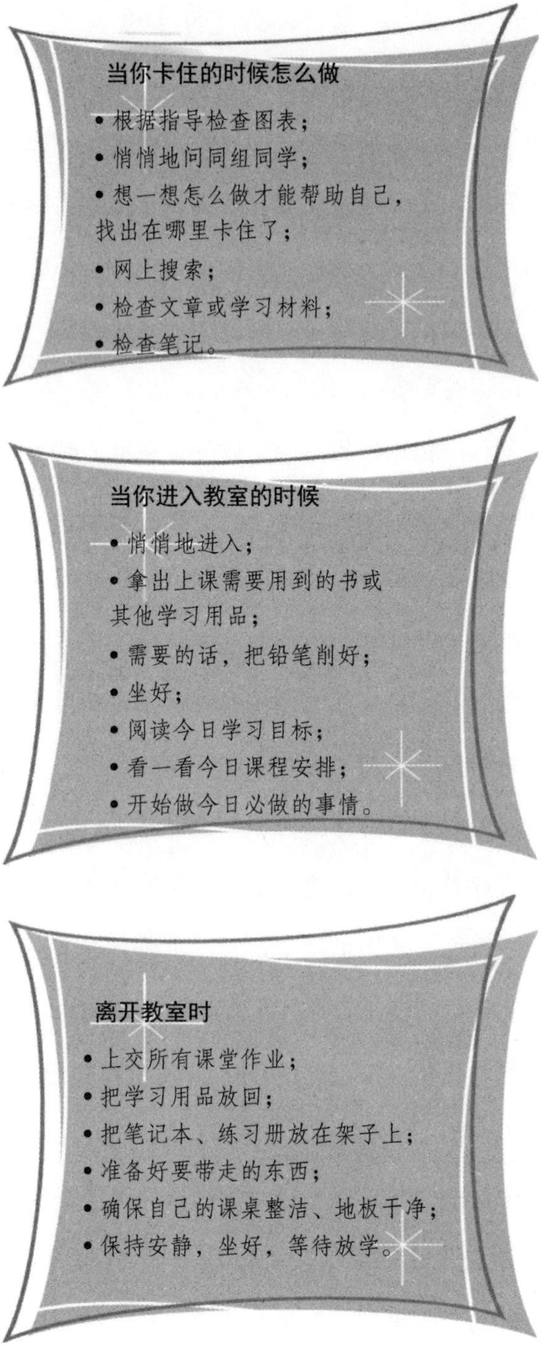

当你卡住的时候怎么做

- 根据指导检查图表；
- 悄悄地问同组同学；
- 想一想怎么做才能帮助自己，找出在哪里卡住了；
- 网上搜索；
- 检查文章或学习材料；
- 检查笔记。

当你进入教室的时候

- 悄悄地进入；
- 拿出上课需要用到的书或其他学习用品；
- 需要的话，把铅笔削好；
- 坐好；
- 阅读今日学习目标；
- 看一看今日课程安排；
- 开始做今日必做的事情。

离开教室时

- 上交所有课堂作业；
- 把学习用品放回；
- 把笔记本、练习册放在架子上；
- 准备好要带走的东西；
- 确保自己的课桌整洁、地板干净；
- 保持安静，坐好，等待放学。

图1.2 学生布告板

行为规范准则能够确保稳定环境，无论是小组合作，还是在整个班级里都会形成有组织、有纪律的一种氛围。这些行为规范能够让学生放松，全身心地投入学习。我们如何合作是课上的重点，因为良好的合作方式可以减少课上冲突的发生，有利于营造一种秩序井然、积极向上的学习环境。课堂规范、课堂行为对形成积极健康的互动十分关键，课堂规范比课堂规则好，因为规则听起来有惩罚性、死板、不易变通的感觉，而规范则意味着我们共同期待的一般行为。学生也因地制宜地建立他们自己的行为规范。

策略4　活动

课堂活动非常有意义，它能够调整整个课堂氛围，让学生同时感受到自由与约束，从而从根本上减少压力。我们一直坐着不动的时候，身体向大脑输送带氧血这一过程就会有压力。大脑是一个小器官，需要身体不断地向它输送营养，以便发挥最大的功能。活动促进血液流向大脑，使大脑充满活力。运动的时候，可以减轻压力并释放脑内啡和多巴胺，同时降低皮质醇和肾上腺素激素的水平。因此，活动可提高学生的幸福感与舒适感。

在芬兰，儿童学习1小时就会有15分钟的活动时间，牺牲学生的体育课时间及休息时间用于学习的教育体制是与教育科学性背道而驰的。我们已经知道活动对学生大脑及学习的重要性之后，如果再减少学生的活动时间，那就是违反科学的。课堂上学生移动桌椅或跑到别的位置上去，以便形成讨论小组，是最常见的活动，此外，拥有一个固定的交流伙伴也十分有益。活动包括身体上的和心理上的，可以帮助学生营造一种有益大脑且压力较小的氛围。

社交孤立的问题

社交孤立是如何阻碍学习的

学校并不是所有学生的乐园，有的学生会在情感上、身体上以及心理上没有安全感。造成孤立的原因有很多外在因素，这些因素有经济之间的差异、种族问题、校园暴力等。有社会孤立问题的学生更在乎面子问题，他们将精力放在自我保护上，这样学业势必会受到影响。

亚伯拉罕·马斯洛（Abraham Maslow）和威廉·格拉瑟（Willian Glasser）两位认知心理学家的理论让我们更好地了解学生的关注层次。马斯洛在1968年提出需求层次理论，他认为只要满足最基本需求，其他的需求就能成为新的激励因素，需求层次如下：

- 生理需要：水、事物、空气、住所；
- 安全需要：健康、安全、自由；
- 归属与爱的需要：友情、亲情、爱情；
- 尊重的需要：自我尊重、信息、成就；
- 自我现实的需要：实现个人理想。

威廉·格拉瑟也提出了5种需求，与马斯洛的理论有很多类似的地方，但不是按金字塔形排列的，见图1.3。

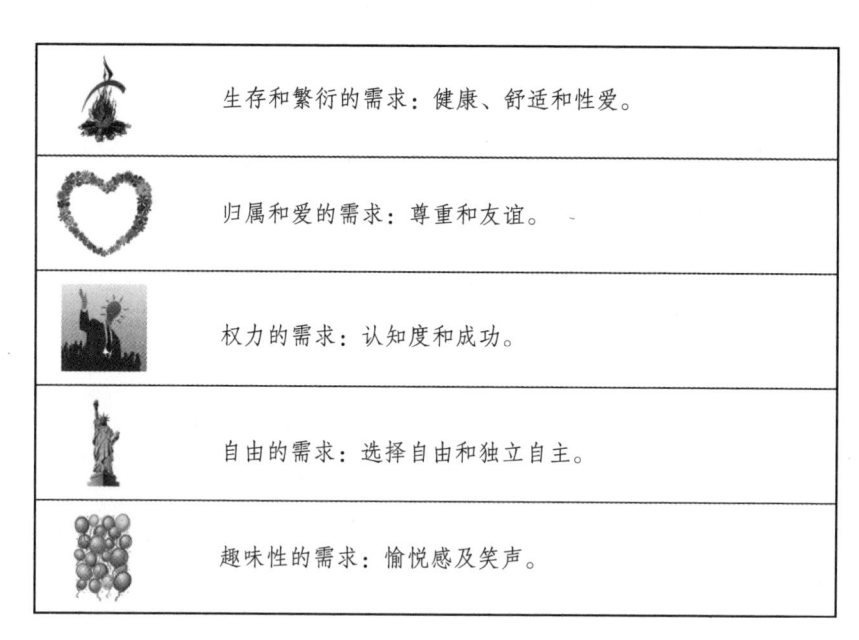

🔥	生存和繁衍的需求：健康、舒适和性爱。
♥	归属和爱的需求：尊重和友谊。
	权力的需求：认知度和成功。
	自由的需求：选择自由和独立自主。
	趣味性的需求：愉悦感及笑声。

图1.3　5种需求分类

格拉瑟的选择理论强调，人们会根据个人能力选择要满足的需求。对于格拉瑟而言，归属是最重要的需求，这与马斯洛的归属与爱的需要相呼应。

尽管马斯洛的需要层次理论与格拉瑟的选择理论在一些方面略有不同，但两个理论都提到需求与特定环境有关，必要时要与其他更为急迫的需求相竞争。这也能够说明为什么像社交独立这样的问题会阻碍学生学习。

对于多数学生而言，归属需求远比学习乘法表或制作幻灯片重要。如果学生的脑子里被归属需求占领，学习势必要往后排。

社会孤立的原因有多方面，例如，如果学生的母语不是英语，他们就可能在社交时害羞，或者在概念理解上存在困难，以至于沮丧或尴尬。还有一些移民学生和非法居住的学生也会出现类似的问题，那些借读的学生也许会感觉没有必要与同学交流。如果一些学生想要隐瞒自己的性取向，那么这也会造成社交孤立。不同文化背景的学生在遇到与他们之前所学习知识或体验相悖的概念时，可能会适应不了，从而造成孤立。除以上情况外，校园暴力和种族歧视也是造成学生心理受创的因素。

当学生社交需求未满足时，他们更关注自我保护（包括情绪、生理及心理上的保护欲），从而无暇顾及学业。

以上所提的情况是妨碍学生把精力放在学习上的现实因素。教师需要合理进行课堂管理，并确保学生的社交需求不能高于学习需求，同时教师需要确保学生能够在社交需求上得到一定的满足，以从根本上解决问题，避免分散学生精力。

策略　课堂社交孤立管理

教师营造一种积极向上、温馨的课堂气氛十分关键，可通过培养积极健康的学习者，发展同伴间的友好关系实现这一目的。良好的学习环境能够增强学生舒适度，进而激活学生的前额皮质，能够促使他们将精力放到学习上，而不是人身安全或情绪波动上。除此之外，还可减少社交孤立的学生人数，从而避免不良行为。当人们觉得融入不了集体时，就会采取一些偏激行为，例如，造成不良后果以吸引别人关注，挑起事端，用武力解决问题，发起恶意挑战等。

下面介绍一些利于扩大教师包容性及营造积极健康的课堂氛围的活动。

策略 1　制定班级规范

为同一个目标一起奋斗是减轻社交孤立感的一种途径，其中的一个共同目标就是制定班级规范。开始之前，教师需要先将学生分组，3~4人为一组（见图1.4和图1.5），然后准备一些报纸，分发给学生，让学生在上面写下他们认为关于教室内一起讨论学习的重要事项。学生写完后，小组之间再进行讨论。最后讨论出他们认为最重要的一两项事宜。接着将每个小组的最终决定写在黑板上，与全班同学分享。写在黑板上的全部事项再由全班同学一起挑选，整合五六个他们全部认同的班级规范。对个人而言，同学们知道自己的想法，讨论过自己的提议，自己也积极地发表自己的想法，所以每个人都会大力支持他们制定的班级规范。

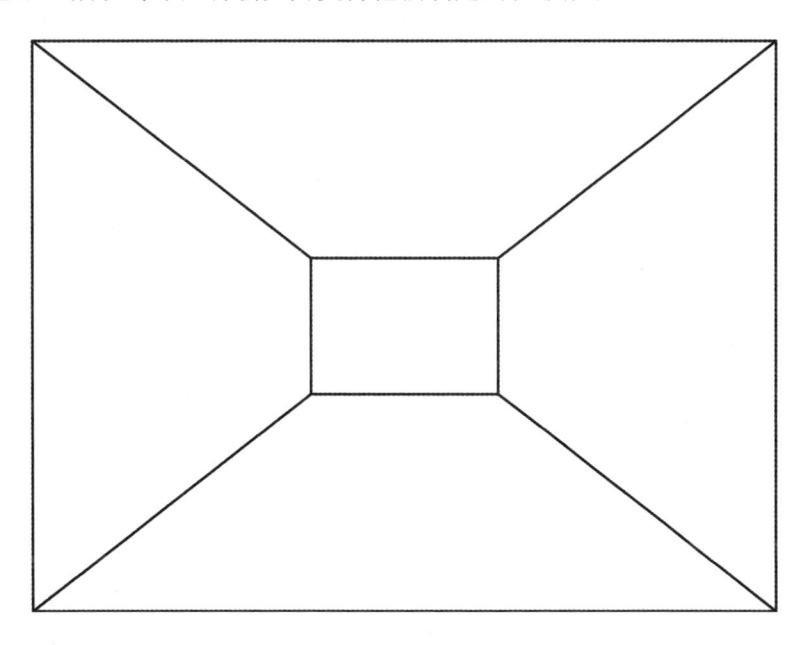

图1.4 4人一组展示图

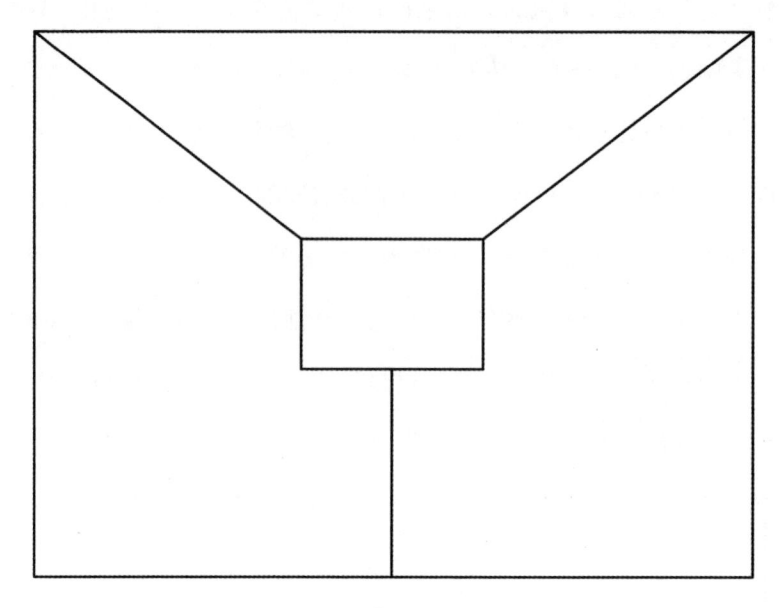

图1.5 3人一组展示图

策略2　组建人部落法

珍妮·吉布斯（Jeanne Gibbs）20世纪80年代在圣罗莎任教，当时她试图在教室里采用小组合作学习策略。但她的学生们背景各异，有非裔美国人，有白种人，还有西班牙人，因此，实施起来十分困难。为了建立班集体，为了班级更好地合作，她提出了部落法。她把水平相当的学生分在一个小组，并取名为基本组。之后，她开始利用各式各样的活动来建设团队，增加同学间的互动，寻找他们之间的共同点。同学之间的交流越来越多，彼此的理解也越来越深，对彼此的包容性也越来越大。他们渐渐意识到同学之间的确有差异，但共同点比不同点多。有了这些意识之后，他们开始能够欣赏彼此的优点，也能在相互尊重、相互支持的基础上团结合作。这大大地改变了班级氛围，同伴之间不再有憎恶，不再有冲突。他们变成了一个集体，原来的人称都是"你""我""他"，现在都在用"我们"。这一策略迅速火爆起来,吉布斯最近也出版了《部落法》(*Tribes*)30周年的版本。

《部落法》里提到如下4个班级规范:

- 专注聆听,全身心投入;
- 采用欣赏的态度,不能贬损他人;
- 享有拒绝和参与的权利;
- 相互尊重,敬慕他人。

班级规范需要得到全班学生的理解和认同,并由教师和组内每个成员监督指导,这有利于营造整个班级的学习氛围。此外,还需要尊重学生,尊重自由民主,给大脑足够的思考、学习的时间,以便其发挥最大功能。下面,让我们具体了解一下这4个班级规范。

专注聆听,全身心投入

如今的科技在不断进步,生活中到处充斥着多媒体,学生们更容易被各种花哨、夺人眼球的动态图所吸引,因此现在的学生越来越难做到专注,然而,能做到专注聆听对学生的发展十分重要。

目前有人希望通过多任务教学策略提高效率,但一项研究粉碎了这一想法,研究显示,如果学生穿梭在各个任务中时,会浪费大量的时间,当任务具有挑战性时,尤为耗时。迈耶称,如果在各个任务中切换,收获会比执行单一任务时降低40%。

与交流思想相反,大脑不善于同时做很多事情,斯坦福大学的研究显示,同时做很多事情时,精力会分散,人们若把精力放在一件事情上,就会聚精会神,收获更多。当同时接收很多信息时,人很难做到全神贯注,也不能很好地从大脑中提取信息,此外,从一个任务转向下一个任务也并非易事。实际上，同时完成多个任务不仅会影响效率，还会影响质量。大脑的构建和功能决定了其无法同时完成两个任务，更不要说超过两个任务了。

处理多重任务不仅降低了你的效率，还会降低你的智商。成年人在执行多任务时，其智商会下降到与一夜未眠或吸食大麻的人差不多，有时竟然下降到与8岁儿童的智商差不多。这种智商下降通常被认为是暂时性的，但是来自英国萨赛克斯大学的研究者罗汉和金井在2014年利用核磁共振对比了执行多重任务时间长短不同的被测人员，并利用核磁共振扫描仪分别扫描他们的大脑，发现经常处理多重任务的被测人员在前扣带皮层中的灰质密度更小，也意味着经常处理多重任务的被测人员的前扣带皮层中脑密度更小，而这片区域是影响认知情感控制能力和认知情感共鸣的区域。

教会学生专注聆听不是一蹴而就的事情，在课堂上，不管是大组、合作小组或是两人小组，能否做到专注聆听十分关键。应该鼓励课堂上的每一个人认真聆听他人的想法，让发言者知道大家在聆听和思考自己的想法。这就是我们想要营造的积极健康的学习环境，如果我们在基础教育时就努力营造这种学习氛围，培养学生的专注力，那么学生的收获就会更大，因为在这样的学校学习若干年后，他们都会受益。能够专注聆听，不仅在校园学习期间十分重要，而且在生活中也十分重要。

教师可采用类似制定班级规范时采用的活动，培养学生专注聆听的能力。除此之外，教师也可利用T形图，例如标题为专注聆听，然后用专注聆听看起来怎么样及听起来怎么样（见表1.1），鼓励学生用自己的语言表达思想，因为学生只有在他们认为重要的时候才会专注，才能用心聆听。

表1.1 看起来怎么样和听起来怎么样T形图

技巧：专注聆听	
看起来怎么样	听起来怎么样

采用欣赏的态度，不能贬损他人

采用欣赏他人的态度，也可以利用具体的词语表现自己对他人的欣赏，多用积极健康的赞美，避免给予消极的评价。不要给学生起外号，更不要做出不雅的肢体动作，例如，竖起中指等。这些规范大家可能觉得没有必要强调，认为这是常识，但是对于一些学生而言，却比较陌生。或许是因为他们耳边充斥着电视及多媒体，而这些多媒体会把荒谬、讽刺及贬损他人的语言当成幽默，有些学生可能会受影响。一些学生根本不知道如何赞美他人，也不知道怎样接受别人的赞美。

采用T形图，分出什么是贬低他人，什么是赞扬，这会使学生更加注意他们所选择的词汇（见表1.2）。通常情况下，学生们在一起讨论哪些是贬低他人的语言时，他们自身的实际表现要比说出来的好，他们也许在讨论的同时已经在想可用哪些赞美之词代替这些贬损的词语了。在学生发言时，教师要做好记录，用学生自己的语言会更好一些，因为每个阶段的孩子所使用的语言不一样，例如，一年级的学生用语与八年级的学生用语会有所不同。每一个贬低他人的用语，都应该让学生找出与之相呼应的赞美之词。

完成T形图后，教师需要为学生设立一个标准用来监测贬低用语和赞美用语的使用情况。其中一位教师就曾要求以拇指朝下的动作作为暗示，之后，无论何时，当他们听到贬损用语时就会拇指朝下，而用贬低用语的学生就被要求找一个积极健康的词语代替。如今不再只有教师监督，班级的每个同学都会负起监督的责任。这比仅靠教师监督更有效率。几个月后，班级里已经没有人再使用贬低用语了。

表1.2　用积极语言代替消极语言

消极语言	积极语言
真愚蠢。	我不太同意你的观点。
回答得一点都不对。	我不确定这样是不是正确。
唏嘘、轻蔑。	你确定吗？
你以为你自己是谁。	你为什么这么认为，给点理由好吗？
真会妄想。	这与以往的观点不同。
从来没听过这样的言论。	我第一次听这样的说法。

享有拒绝和参与的权利

我们希望所有的学生都参与课堂，但实际上，有些学生有时会被个别问题难住，造成大脑空白，不知道要回答什么，呆呆地愣着会有点尴尬，若是敏感的学生还可能因此造成社交孤立。

如果真出现类似的情况，上课教师应该尊重学生拒绝的权利，这并不是说在接下来的活动中，他们不必参与，而是说让他们缓一缓，再重新加入活动，此时他们需要一点时间理一理思绪而已。从长时记忆中提取信息，大脑需要至少5~7秒的时间，但课堂节奏快，学生经常因得不到充足的时间思考，而感到沮丧，不自信。拒绝的权利能给学生提供思考的时间，减轻学生的压力和焦虑感。给予足够的时间时，学生能够更好地提取信息，整理思路，在表达时也会更加自信。

相互尊重，敬慕他人

部落法强调肯定并珍视每一个人身上的特性，这也意味着需要用欣赏的态度看待文化差异，用积极的反馈信息促进所有学生的发展。相互关心、彼此支持的环境会激活前额皮质，激发高阶思维。

相互尊重可能会出现在我们之前已经讨论过的活动中，如赞美他人、专注聆听。也可能出现在活动结束时，大家一起总结当天合作的进程和得失时，他们可采用"只是不赞同这个想法，而不是不赞同提出这个想法的人"和"和谐的不赞同"原则，这对他们养成相互尊重的美德很重要。

为了让学生间更好地了解彼此，部落法也会开展关于团队建设的活动。这些活动都是用时较少的练习，不仅能帮助学生了解彼此，还能通过交流，让他们发现彼此的共同点和不同点，有利于增大包容性，加强彼此之间的互相帮助。一些主要的内容还可以收到额外的效益，下面介绍几个关于团队建设的活动例子。

鞋子：我用过的最有效、最具有感染力的活动是"我最爱的鞋子"，更有趣的是，这些活动是在八年级的学生身上开展的。我会要求学生带一双对他来说很重要的鞋子，并和大家一起分享为什么这双鞋子对他如此重要。学生带来的鞋子各异，其中几个学生带来了他们最爱的芭蕾舞鞋和踢踏舞鞋；一个学生带来了足球鞋；还有一个带来了脚蹼（青蛙鞋），虽然严格意义上说这不是鞋子，但是蛙潜是他最大的爱好；还有一个小孩带来了一双穿旧的迷你便鞋，她解释说，这是她爷爷在她小时候亲手为她做的，这双鞋能够让她感受到爷爷就在身边。

这种发自肺腑的分享用在学生间寻找共鸣再合适不过了，这些分享瞬间超出了日常班级讨论的范畴，通过活动，大家了解了彼此的爱好。我们需要在个人情感上了解彼此一点，有时候情感还高于理智。一些人也许会认为这样是浪费教学时间，我不这样认为，虽然活动需要一点时间，但从长远来看，是节省了时间，因为学生在彼此了解后，愿意和他人合作，合作过程中也不会出现那么多的冲突。在和谐安全的环境下，大脑会更好地发挥作用，从而提高效率。

个人、彼此、任务3个方面递进的方式：教师会鼓励学生用这种方式与新伙伴加强了解。学生会用90秒的时间分享自己的事情，然后彼此互动交流，在了解对方后，再完成任务。大脑需要在安全、舒适的环境下运转，发挥作用。这种类似的活动能够加强学生之间的情感，避免孤立，为大脑提供舒适的环境。

名字：另一个策略便是"我的名字是怎么来的"，学生会向父母或监护人询问自己名字的由来，其中总会有个故事。我给学生做了个示范，我叫Gayle，因为我妈妈喜欢一位名叫Gale的女演员，而且Gayle这个名字并不常见，也许为了区别，多加了一个y（所有重要文件中，我必须要拼出我的名字，因为大家容易写错），或许又为了与姓氏Gregory结尾的y相呼应。Gregory被认为是盎格鲁-撒克逊（Anglo-Saxon）的原始姓氏，但实际上不是这样的，我爸爸是乌克兰人，祖先姓名的形式是Gregorky，把k去掉写成Gregory，只是让它看起来不那么像外国名。我的中文名是海伦，是以我外祖母的名字命名的。外祖母的娘家姓邓肯，我的表妹用邓肯命名，我非常开心我是第一个出生的孩子，名叫海伦而不是邓肯。

所有的这些活动都有利于学生和班级同学分享自己的爱好、自己的故事。开展这些活动的目的就是扩大学生文化的知识面，了解同学们特有的传统，希望能够继续培养他们相互尊重的习惯。

部落法是消除班级内社交孤立的好方法，目前已出版针对小学、中学及高中的《部落法》，还有西班牙语言的版本。在此，我强烈推荐吉布斯的《通过创建部落法学习达到所有目标》（Reaching All by Creating Tribes Learning Communities）一书，因为里面包括了很多很棒的关于团队建设的活动。

策略3　学生的个人爱好

教室里的每一个学生在社会生活中都是一个完整的个体，在学校外，每个学生都有自己的生活，多了解一下他们在校外的事情，利于我们了解他们的兴趣爱好，发现他们的特长。我们知道得越多，我们与他们的联系就越多，课堂上的活动设置就能与他们的兴趣爱好结合起来；我们知道得越多，也能更好地开发他们的兴趣领域，我们就能将知识与他们的生活联系起来，提高他们的兴趣。一些学生，平时可能得不到教师和同学们的关注，他们就有可能采用消极的方式取得关注。得不到关注的学生会感觉自己融入不了集体，从而更加不愿意参与活动。若教师能够向学生传达自己对他们的关心，那么学生就会很喜欢这位教师，觉得这位教师平易近人。

教师有时会采用兴趣调查表快速了解学生的兴趣爱好，表1.3和表1.4是两个兴趣调查表的范例，你可以根据实际情况做调整，也可以直接采用这两个表。

向学生传达自己对他们很感兴趣、对他们充满热情，这对赢得学生的喜爱十分有效。努力做好以下几点：

- 当学生进入教室时，表达自己的欢迎；
- 采用击掌或击拳的方式与学生增强感情；
- 在课前、课中、课后及时与学生交流；

- 赞美学生参与的课外活动；

- 去他们吃饭的餐厅，与他们自由轻松地聊天；

- 谈论他们生活中喜欢的事情，如电视剧、运动、音乐等；

- 谈论他们校外取得的成功，如运动比赛或其他竞赛；

- 在校园里遇见他们时，叫出学生的名字；

- 他们缺课时，及时打电话、发短信询问，当他们返回校园时，告诉他们你很想他们。

表1.3　学生兴趣调查表

问题	姓名：　　　日期：
	答案
你最喜欢的运动是什么。	
你去过最远的地方是哪里。	
你最喜欢的影片是什么？为什么喜欢。	
你最喜欢做的事情是什么。	
你参加了哪些俱乐部或兴趣小组。	
你最喜欢什么零食。	
你想见什么样的人？为什么想见这样的人。	
在学校里你觉得什么最好。	
你和朋友在一起一般做什么有趣的事情。	
你每天花多长时间看电视。	
你喜欢逛哪类商店。	
你最喜欢哪类音乐。	
全球范围内，你对哪些事情感兴趣。	
未来你想选择什么职业，想涉及哪些领域。	

与同学们分享你的关心，并且尽可能地做到公平，你可以考虑以下几点：

- 提问时，给学生一点"等待时间"，让他们厘清思路；

- 近距离接触学生对与学生建立联系很重要，所以教师课上不能只站在讲台上，而应四处走动；

- 赞扬学生的想法，必要时给予一定的引导；

- 注意"眼神交流"，说话或认真听的时候要看着学生；

- 尊重他们的观点，鼓励他们参与课堂。

表1.4 我的爱好列表

问题	姓名： 日期：
	答案
我最喜欢的电视频道和节目。	
我最喜欢的食物。	
我最喜欢的运动。	
我最喜欢的零食。	
我最喜欢的书。	
我最喜欢的地方。	
我最喜欢的游戏。	
我最喜欢的动物。	
我最喜欢的朋友。	

策略4 让他们一直做个好学生

在学校，学生听惯了命令性的语言，如"你不能这样做，这才是对的""这是规定"等。然而消极评价并不能让他们从心里接受，因此，我们要时刻留意他们的行为，并赞扬他们，整天被批评的学生听到赞扬会备受鼓舞，在看到他们的缺点前，多找找他们的优点。发现他们的优点并让他们做个好学生的简单方法，就是将他们的学习成果张贴在教室的墙上，教室的公告栏上应该贴满学生的艺术作品和写作模板，但不要每次都呈现最好的作品，公告栏上应该将一些空间留给进步较大和特别努力的学生。一些教师将公布栏放在教室的各个角落，或者将学生的作品放到班级网站上，这样就有足够的空间展示每个学生的作品了。

初中或高中的教室里，教师会为了每个班级设计公告栏。通常高中教师认为公告栏的想法仅适用于小学阶段，不再适合高年级的学生，然而，公告栏的设计能够帮助学生找到归属感。学校有一种家的感觉，这是他们学习的地方，也是他们成功的地方。

评价自己的班级氛围

马尔扎诺研究了几个影响学生成绩的因素，发现拥有一个管理完善的班级对学生学习影响值为0.52，有较高的参与度对学生的影响值为0.62。若教师拥有健康的心理方向，对班级管理有很大的影响力，并能减少班级矛盾，对学生的影响值为0.29。若教师能不利用情感干预，还能快速规避行为问题的发生，则对学生的影响值为1.42。

这些数据向我们再次证明班级氛围的重要性。能够营造积极向上的班级氛围的教师对学生学习有着重大的影响，不是因为这些教师知识多么渊博，而是班级气氛能够激励学生思考，一个安全、温馨的环境能够激发大脑运转。

表1.5能够帮助教师评价自己的班级文化，以及为营造良好的班级环境指明所需努力的方向。

表1.5 课堂氛围自测表

根据自己的实际情况按以下4个等级打分： 1代表从不，2代表很少，3代表时常，4代表总是		
序号	事项	自我评估
1	我相信所有学生都能学好。	
2	我与学生一起商定课堂可接受的行为。	
3	我会与学生一起分享自己对他们学习的期望。	
4	我会尽量理解学生的个人生活。	
5	我有学生上交的自我评估。	
6	学生会告诉我他们希望有什么样的课堂。	
7	我试着公平地对待每一个学生。	
8	我相信每一个学生都有成功的潜力。	
9	学生知道我喜欢他们。	
10	我尊重每一个学生的文化。	
11	学生在我的课堂上有安全感。	
12	课上学生敢于纠正错误，并相信自己能完成学习任务。	
13	我能发现每个学生的不同之处。	
14	我会为了学生重组课堂，保证他们获得他们需要的资源。	
15	教室的各个角落展示着学生的作品。	
16	课堂气氛有序而且让人舒服。	
17	我试着让学生完成他们感兴趣且具有一定挑战性的学习任务。	
18	在学生身边扮演学习者的角色。	
19	我会耐心地聆听学生的话，适当地给予反馈。	
20	我不会嘲笑学生，也不会羞辱学生。	
21	课上我使用多元化教学策略。	
22	我会给学生选择的权利，以提高他们的学习动机。	
23	我会改变课程，以满足学生的兴趣。	
24	我关注学生的身体、情感及社会需求。	
25	我能体会学生的感受。	

总　结

大脑在一种充满消极敌意的环境中无法运转，这就像剧院里的舞台设置，所有道具、背景都应该准备好，恰到好处的舞台指导也会提高演出效果。我们知道过多的压力不利于学生学习，作为教育者，我们应该想方设法为学生提供一个积极健康的环境，一个可以让学生安心学习、勇于挑战的环境。

讨论点

讨论教育神经科学是否对你设计课堂任务及班级管理技巧有影响，若有，有什么影响？本章中哪一个研究引起了你的兴趣，你会制订什么样的计划？

• 讨论班级氛围的概念，对学生的学习提出指导建议；

• 验证减轻焦虑及营造安全氛围的几种方法，包括惯例与规范；

• 关注班里的社交孤立的同学，观察他们是否经常遭遇校园暴力，教师该如何减轻社会孤立，如何加强他们与同学的友谊？

• 马斯洛和格拉瑟认为哪些是基础要求？教师该如何帮助学生满足他们的这些要求？

• 对部落法进行深入研究，特别是研究团队建设和提高社会能力的策略；

• 课堂活动如何提高班级的幸福指数？

- 讨论学生的兴趣爱好，你如何知道学生放学后做什么？你会采取什么措施开发他们的大脑？是通过兴趣爱好，还是提高他们的舒适度，还是加强彼此间的联系？
- 利用教室自测班级氛围，找出一两个你想改进的地方。

第二章　激励教师

教育需要有意义地介入学生学习，并确保学生在认知上有进步。教育者需要明白学生的学习目标，清楚学生何时达到目标，在学生开始学习前，了解他们之前的知识水平，而且教师需要对所学内容熟记于心，才能更好地设计有意义、有挑战的任务。

——海蒂

教学不是一件简单的事情，教学需要教师对现有教学策略有充分的了解和掌握，能够营造安全、健康积极的学习环境，能够给予学生有效的反馈信息，除此之外还要安慰一时软弱的学生，纠正他们在求学过程中出现的错误，用自己的涵养、知识教育学生。

教师影响着学习的方方面面，大到班级环境，小到发展同伴间的关系。本章主要讲述教师激励学生学习的方法，具体是个人态度、发展型思维模式和教学技巧。

个人态度

学生在校的每一天、每一刻，处处都有来自周围的人和事物散发的信息，神经科学让我们了解大脑工作时有两种不同的状态。教室里学生大脑接收的信息，不仅仅是听到的，如教师和同学大声说话的内容，还包括其他的信息，如教师说话的语调、姿态、肢体语言以及面部表情等。学生会注意到整体面部表情，也会注意到细节表情，如眼珠的转动，他们能够通过表情分辨出教师是恼怒还是挖苦。学生会根据教师对待自己的言行猜测教师对自己的态度，这些判断会影响学生的自我认知，学生也会据此来判断自己的受欢迎程度。学生接收的这些外在信息可能会影响他们的意志，是勇于冒险还是规避风险，是在课堂上敢于发言还是希望自己静静地听着、不被提问。无论从精神上还是从自我认知上，教师对学生的影响都是巨大的。

下面的部分将会讨论一些我们教育者需要向学生传递的信息，我们重视他们，不仅是在学习上重视，也在学习之外的其他方面，如性格、人品等。

态度 1　热情

教师的热情是他们能够向学生传递的最有价值的信息之一。课堂上，学生会一直注意你的态度，你的热情会带动学生，让学生知道你积极向上、充满乐趣。学生既需要常规，也需要创新，常规会给他们带来安全感，创新会激发他们。教师的热情向学生传递的信息既有安全感，又有趣味与冒险。

教师可通过以下几种方式提升自己的热情。最简单的方式是微笑，微笑似乎是最易识别的面部表情，即便在远远的地方也能感受到。"在圣诞节前不能笑"的古语简直是荒谬，在人际交往中，微笑有很强的力量。爱微笑的人通常会给人留下受欢迎、很友善而且社交能力强的印象。此外，微笑的影响也很明显，面带微笑的人，有时会改变他人的态度，让他人变得更积极、更和善。教师的真诚微笑会向学生传递出自己欣赏学生、欢迎学生、尊重学生的信息，让他们感到自己很乐意给他们上课，也很高兴班里有他们。

在不同的文化中，微笑的含义也不同。例如，在俄罗斯的文化中，长时间微笑会被认为是无诚意的；在韩国文化中，如果一个男人笑得太多会被认为太女性化。

第二种提升热情的方式是肢体语言，肢体语言对学生思考是有神奇的作用，戈尔丁·梅朵（Goldin-Mendow）博士等人的研究表明，如果教师使用肢体语言，学生便会积极地利用课上所学内容。作为教学策略之一的手势，能够促进学生的学习。在课堂上，如果教师用手势强调重点内容，学生会觉得教师知识渊博。在讲重点或需要孩子注意时，不妨扬起手臂，伸出食指，甚至运用整个肢体动作，把肢体语言纳入教学中吧。

肢体语言也包含着承诺、强调及热情。面部表情和语调也会促进学生学习，学生听到温和的语言更容易集中精力。在教室里来回走动，且在表达时利用手势有利于强调重点。一位有活力的教师给学生的感觉是热情，感染着学生与教师一起进入课堂学习。

提升教师热情的第三种方法是幽默，虽说学习是一件严肃的事情，但是G.K.切斯特菲尔德（G.K.Chesterfield）在书中写道："天使之所以会飞，是因为他们把自己看得不重。"虽然强调幽默和大笑看起来只是一个感觉良好的建议，但科学实验证明，大笑能够增加脑内啡的分泌，而脑内啡能够促进产生令人愉快的物质，能够让学生心情愉快地学习。因为幽默是一种创新模式，因此能够吸引学生的注意力，增强大脑记忆加工系统。除此之外，幽默能激活海马，帮助信息存入长期记忆。

幽默会使大家一起笑，所以有利于团队团结。教师可讲一些与教学内容有关的幽默故事。因为大脑喜欢故事，所以记忆力也会随之提升，不仅如此，大脑通常会记住幽默中所包含的异常情况、前后矛盾的地方。虽然我讲过很多节历史课，但现在还记得的却是少之又少。我却清楚地记得教师给我们讲的古希腊第一位马拉松长跑运动员，名叫菲迪皮茨（Phidippides）。教师说让我们记住他的名字时想象他看到自己长跑后那脏得不得了的袜子。他告诉我们，在最后一天，菲迪皮茨说："菲迪皮茨的袜子虽然脏，但明天就会洗干净了。"那节课距今有30年了，在希腊时，导游问我们知不知道第一位马拉松长跑运动员时，记忆一下子回来了，这便是幽默的作用。

幽默的作用很大，但也要记住有些类型的幽默是不适合在教室中使用的，牺牲学生利益的幽默绝不是好的幽默，更不会是积极的幽默。例如，讽刺挖苦，这绝不可以在课堂上使用。讽刺一词来源于希腊语，该词在希腊语中的意思是将皮剥开。我女儿曾经有一位数学教师，他曾在我女儿不理解问题的意思时说我女儿的脑子是"植物脑子"，或许是为了缓和气氛，他自认为幽默地说道："我以为这种植物有可能是菠菜。"语毕，全班都在笑，当然除了我女儿。此次事件后，我们不得不为女儿请数学家教，因为她的数学教师的话深深地伤害了她幼小的心灵，以至于她一直害怕自己再被教师和同学们挖苦讽刺，从而无法集中精力学习。也许对另外一个同学说这样的话，他的反应不会像我女儿那样，这也提醒教师们在使用幽默之前最好先了解学生，了解他们的性格，以免让幽默毁了师生情谊。讽刺会使学生大脑进入逃避模式或抗争模式，从而降低前额皮质的活性，影响学习。

态度2　信誉

除了热情外，教师的信誉也十分重要。信誉包含了很多美德，不仅仅包括教师的学科专业知识，还包括教师的个人品质，如信任、公平。海蒂教授最新的研究表明，在所有影响学习的因素中，教师的信誉是最重要的一个。海蒂警告我们，如果教师被认为信誉极低时，其学生将会对该教师所授科目失去兴趣。如果在学生8岁前，看不到教育的价值，理解不了教育的意义，那么他们就会在学校生活中落后于其他学生。同班级所有授课教师，若其中有一人是能力不高的教师，那么学生辍学的概率就会更大，若有两个或两个以上能力不高的教师，那学生辍学的概率就会大大增加。

虽然学科专业知识是必不可少的，但专业知识本身对学生学业成就并无积极影响。根据海蒂的研究，教师的学科专业知识越高，与学生的学习水平差距就越大，教师若不能准确评估学生的知识水平，不能很好地将知识传递给学生的话，就会对学生的学习有负面影响，影响值为0.09。之所以会如此，是因为一些知识、概念、技能，对专业知识高的教师而言很简单，他们可能不会明白为什么有的学生不会。其实，重要的并不在于教师的知识有多么渊博，而在于教师能否将知识应用于教学。

除学科专业知识外，信誉的第二个重要内容是个人品质。詹姆斯·麦可克瑞斯肯（James Mccroskey）博士在20世纪80年代早期研究了交流中的公信力，阐述了信誉的4个关键组成部分：信任、能力、活力和亲近感。哈斯金斯（Haskins）将这些品质统称为精神气质。学生对教师精神气质的评价，无论是在有意识的情况下还是无意识的情况下，都会极大地影响该名教师的回应，当然学生的回应程度也决定着教师这堂课的有效程度。

下面将具体阐述麦可克瑞斯肯提出的信誉的4个组成部分在课堂中的影响。

信　任

现在说的信任指的是学生对教师的信任，教师可通过多种途径增强学生对自己的信任。例如，站在学生的角度彰显一致性和公平性（按照班级纪律、规定及其他约定处理班级事务），还要避免偏袒等。希望教师能够做到：怎么想的就怎么说，怎么说的就怎么做，这也就是说，学生需要明白"公平不总代表平等，而平等也不意味着公平"。

布克（Bryk）和施耐德（Schneider）利用7年的时间研究分析了400所小学，发现家长、教师、学生及学校间的信任度越高，学生的期末成绩就会越好。布克和施耐德称这种信任为"关系信任"，指的是发生在学校和教室里的人际关系上的互动。

能　力

教师必须清楚他们所授科目，并有效地传递知识。能力还包括良好的课堂管理技能，解答学生问题的能力，以及多种方法阐释复杂材料的能力。想成为专业人才并不容易，你不仅要掌握你自己需要掌握的知识与技能，还要知道如何才能促进别人学习。

有一些专家知识渊博、技能高超，时间长了，有时候会忘记他们当初是如何学习和掌握技能的。同感能力和理解能力是帮助别人进步的关键品质。

活　力

如果教师多年来一直利用同一本教材，年复一年，日复一日，没有了第一次教课的热情和激情，只是机械性地讲解知识，他们很快就会在学生心中失去威信。如果我们教育者本身对教材、设备没有激情和热情，那学生又怎会对我们所讲的内容有兴趣呢？激情还包括在教学或学习过程中的新颖性、多样性和创造力，这些深受大脑喜爱，因为这能促使学生积极地参与课堂、与教师互动、与同学交流。最理想的状态就是学生想到下一节课是某科目时就会十分兴奋，对课上要做什么很期待。

亲近感

亲近感主要指给学生平易近人的感觉，包括语言与非语言的交流。例如，使用我们、咱们等称谓拉近与学生的感情，这属于语言交流，而非语言交流包括眼神互动等。不管是语言交流还是非语言交流，都会向学生传达教师对他们寄予了很大的希望、很热爱他们的信息。无论是学生独立解决问题，还是小组合作时，教师都要在教室里来回走动，必要时给予学生指导，给出评价及反馈信息。当别人走进教室，发现教师没有在讲台上时，应该感到庆幸，因为授课者正在教室里来回走动，一边指导学生，一边给予反馈与评价，这对学生的学习很有帮助。

对于教师而言，想估算自己在学生心中的公信力有些困难，我们可以根据表2.1，客观地估计自己的公信力，细读表格中的一条条检测内容，根据自身情况给自己打分，分值分别代表4个不同的层次。

表2.1 教师自测表

4代表总是，3代表通常，2代表有时，1代表次数不足				
素质：信任	4	3	2	1
我试着诚实地向学生传递信息，并适当地为学生调整信息。				
我了解信息材料的优缺点，并诚实地评价。				
我介绍一些学生信任的资源和资料。				
我会用大量的例子和证据解释复杂的材料。				
我相信学生，而且学生也相信我。				
我试着做自己，这样会持久一些。				
我会一直如此公平。				
素质：组织能力	4	3	2	1
我试着诚实地向学生传递信息，并适当地为学生调整信息。				
我会向学生展示主题的结构。				
我传达的信息尽可能地不出现错误，包括语法错误、发音错误等。				
我会有组织地制订学习计划。				
我会营造一种积极向上的氛围，学生愿意全力以赴。				
我会分享自己的个人经历，为学生提供鲜明的例子。				
素质：多样化	4	3	2	1
我会用自信的语气跟学生讲话，不会有迟疑或是不确定。				
我会不时地调整自己的肢体语言、面部表情和眼神交流等。				
我会不时地变化自己的声音，比如声音高低、语气、语调等。				
我会使用各式各样的证据、故事、视频等教学。				
我倡导放松式的警觉，在课堂上，既放松，又积极阳光。				
素质：及时性	4	3	2	1
我会在课上随意走动，确保和每个学生都有一定的互动。				
我会随时注意学生的一举一动，虽然在一些文化中，眼神交流不太合适，但是眼神交流是学生保持精力集中的一种有效策略。				
我会根据他们的水平，一对一地辅导，让他们感受到我的关心。				
我会和学生幽默地分享或是把幽默与学习内容结合起来，从不贬低或嘲笑学生。				

态度3 关心

除了前面所说的热情态度和信誉两种重要的因素外，第三种重要因素是教师如何与学生一对一地交流。我认为，关心学生、照顾学生是教师能够激发学生学习兴趣的最重要品质之一。

哈姆雷（Hamre）和皮安塔（Pianta）在2001年报道称，师生间关系不好会造成学生学习成绩差，还能增加学生不良行为的发生概率，尤其是男孩子。一些中学生之所以具有更好的社交能力，原因就在于从幼儿园到中学，他们都与教师保持着密切的联系，而且与教师间的矛盾也很少。

高普尼克（Gopnik）、梅兹夫（Melzoff）和库尔（Kuhl）提醒我们，我们有与他人交流、联系的内在需求，我们都希望与他人之间有积极向上的人际关系。很多学者通过研究得出结论，积极的人际关系能使学生更愿意上学，能提高他们的学业成绩，增强他们的意志。师生关系融洽，积极健康，会提高学生的出勤率，而且学生的自学能力会更强，学习动机也会更强，更具有合作能力。由此可见，良好的师生关系可解决学生被孤立的问题，并能提高他们的学业成绩。通过以下方法可以有效培养良好的师生关系。

- 教师对教学感兴趣，学生也能发现学习的乐趣，更愿意学习；
- 教师对学生关心、体贴，也会获得学生的尊敬；
- 教师要乐于帮助学生；
- 教师要对学生有耐心，不随便对学生发火；
- 在课堂外，教师也要关心学生的学习与生活；
- 教师要帮助学生提高反思能力和元认知能力。

还有一些切实可行的方法促进教师与学生建立联系，这些方法包括使用学生名字、消除学生的逃避心理、指导学生、通过文化回应加强人际关系、清除标签等。

使用学生名字

最简单也是最有效的策略之一便是记住学生的名字，并且经常使用学生名字点名、提问等。一位教师，在他还是一名高中生时就是默默无闻的学生，他深知记住学生名字给学生带来的影响，所以他在开学第一天就记住了全班同学的名字，而不是用"你""同学"等代替。这样会给学生留下极深的印象，让学生感到自己属于这个班级。

消除学生的逃避心理

教师上课时总会留一定的师生交流时间，实际上，这个时间十分珍贵，虽然占用了课上的时间，但换来的却是学生更集中精力地上课，出勤率也有很大提高，学生的学习成绩也在提高。一些学生，尤其是那些害羞腼腆和调皮捣蛋的学生，在课堂上，有时特别倾向于逃避，让大家不要注意自己，也不想教师提问自己。这些学生更需要教师的帮助，教师应努力寻找和他们一对一进行谈话的机会，也许刚开始他们有些勉强，但是最后他们会感激教师的良苦用心的。

有一个学校，校长要求教师上交经常逃学、迟到、不认真学习的学生名单。之后，全校工作人员，包括保安、餐厅人员、教师、办公室人员、指导员及领导层，都会接到一份学生名单，并要求他们监督名单上的学生，时效为一个月。他们通常会对自己名单上的学生进行一次谈话，先打招呼，然后询问最近情况，经过20多次的谈话，学校的出勤率有了很大提高，迟到学生的数量也减少了，并且这些学生对同学的态度也好了很多。

指导学生

利用课下时间，如午餐时间与爱惹事或叛逆的学生进行交流沟通，谈谈他们的课外活动、愿望、梦想或家人和朋友，对他们多一些了解，也会给他们传递一些很重要的信息，即教师关心他们。然而，这也不是一件简单的事情，也许需要一遍又一遍地交流，才能让他们放下戒备，放下保护壳。但无论这有多么不易，一切都是值得的，因为这或许会改变他们的观点，改变他们的生活。一旦学生感到有人是真心关心他们、在乎他们，他们就会觉得自己被接纳，就更乐意努力了。

雷·斯托科夫斯基（Ray Wlodkowski）开发了一种指导系统，他称为"二乘十"策略，即每天抽出两分钟的时间与优等生说说话，谈谈他们的兴趣爱好，并连续坚持10个工作日。史密斯（Smith）和兰伯特(Lambert)发现，这一看似简单的策略却能带来十分显著的效果，学生在校的行为有明显的改善，态度也越来越好。有的学生甚至成了教师的得力助手，感染着其他同学。

经常进行指导会带来一系列的益处，一名高中老师曾教一个班级第一学期的生活技能课，班里有一个学生总是很早就来学校，有时甚至在门口等老师开门，虽然他面带愉悦，但是浑身脏兮兮的。不仅如此，他还经常看起来很疲倦，他进教室后先趴在桌子上睡一会儿，一直到其余的同学都到了之后才醒来，然后就急急忙忙地收拾一下，准备上课。这位老师经常和他闲聊，主要是为了让他保持清醒，不要睡觉。通过交流，老师发现他在小镇上的汽车中心工作一夜，下班后直接来上课，所以他总是看起来很累、很疲倦，身上还有一点脏。他是单亲家庭的孩子，经济来源全靠妈妈的残疾人补助，他工作是为了补贴家用。了解这一情况后，老师想方法让他去健身教室洗澡，因为他来得太早，餐厅还没有开门，老师就会给他带一些早饭。渐渐地，他们之间就建立了良好的师生关系。等到他毕业的时候，他送了老师一件礼物和一张感谢卡，感谢老师的照顾，直到今天，他送的礼物——带有丁香花的蛋糕碟子，还摆放在这位老师的瓷器柜上。这个故事告诉我们，一次认真的聆听或一个小的帮助有时会给学生带来巨大的影响。

通过文化回应加强人际关系

关心这个词意味着你需要花时间去了解学生独特的背景与文化。对于所有学生而言，了解他们的生活很重要，这对那些母语不是英语的学生、移民学生及少数民族学生更为重要。文化回应就是尊重拥有不同文化的人，尊重所有学生的文化。文化回应对于学生来说影响巨大，尤其是对那些感觉自己与其他同学格格不入的学生。营造一种舒适、受学生欢迎的学习氛围很重要，因为这样不会违背学生已形成的文化观和世界观，更利于学生学习，利于激活学生的思维。

了解学生的文化和民族是形成文化回应的第一步。利用一些时间和有不同文化背景的学生聊天，了解他们的文化，谈一谈有关他们文化的书籍，而且要有意识地将他们的文化带入课程中，将一些与文化和民族相关的学习材料运用到课堂，试着吃一吃他们的食物，学习一些他们的方言。

教师的文化回应能力带来的益处颇多，学生在以下领域都有一定程度的成长：

- 舒适程度；
- 知识与技能；
- 承担风险及探索能力。

教师也会有一定的能力提升，例如面对多元化的学生能够因材施教，发现他们的兴趣和才能。也能够采用多样性教学，提供多样化资源，采用多原则评价学生，更能帮助学生提高学习能力。

清除标签

在教育界，我们常会给一些项目和学生贴上很多标签，这些标签有很强的黏附性，一旦用在某个学生身上，就粘一辈子，不管事情怎样改变，不管学生怎样蜕变，标签一成不变。标签对于学生来说不是促进其发展，反而是抑制其发展。贴上标签后会限制他们，会强化固定思维。虽然有些学生倾向于某些方面或领域，但是他们仍然需要研究其他学习方法，思考如何提高自己解决问题的能力，探索多种多样的学习方法。

多重感官相结合，采用多元化教学方法，给予多种选择对学生的影响会更大。除此之外，学生需要与学习内容相关的各式各样的练习和实践，因此，教师也要在教学过程中多样化。学习之后要教会学生反省，要求学生反思他们喜欢的部分、擅长的部分，以及还想再次尝试的部分或是需要加强的部分，让他们自己反思，强化学生的元认知。海蒂强调我们需要了解学习者的需求和长处，我们要把他们的现有水平看成我们要促进他们成长的起点，在这个基础上，再接再厉，不断进步，詹姆斯·诺丁汉（James Nottingham）提醒我们，标签不能留，它会抑制学生的学习。

发展型思维模式

若想成为学习的促进者，要做的第一步是改变自己的态度，如关心学生，提高自己的公信力。第二步就是智力因素，即拥有发展型思维方式。

德韦克在她的书《思维方式：新成功心理学》（*Mindset:The New Psychology of Success*）中对比分析了发展型思维方式和固定型思维方式之间的区别。拥有发展型思维方式的人相信人的智力和才能不是天生的，而且他们也不会因为眼前的阻碍或短暂的失败而变得沮丧，因为他们将失败或阻碍视为生活和学习的正常组成部分。而固定型思维模式的人认为人的智力和能力是固定的、是有限的，失败则是暗示着受限的能力。

发展型思维模式并不仅仅是自我感觉良好型，神经科学验证了这一点。现在我们了解了大脑会随我们的阅历发生一定改变，我们称这种现象为神经可塑性。从教育和学习方面来看，当我们锻炼时，大脑中神经间的联合会变得更强，之后我们就更容易解决问题。

想一想，这预示着每个人的大脑都会不断发育，每个人的能力也会不断提升。你若坚持工作，努力练习，那就没有什么可以阻碍你的成长。提及踢足球、玩游戏，孩子们就会懂得这个道理，但面对数学和阅读，他们却又很难看清楚这个道理。作为学习的促进者，你的工作就是向学生传递发展型思维方式。

那么，你该如何帮助学生形成发展型思维模式呢？

思维模式 1　相信学生的潜力

要向学生传递你对他们有信心，一次又一次地传达。为了强调发展型思维模式，教师应多采用鼓励性的语言。例如，"每个人都能变得聪慧了"，"努力就会有回报"，"努力促进大脑发育"，"大脑就如肌肉一样需要锻炼"，"我们所有人都需要努力变得聪明"。

思维模式 2　实践与努力

强调发展型思维模式的精髓在于实践与努力，一遍又一遍地练习并不代表失败或是没有天赋，这只是学习的正常一部分。在一个优秀教练的指导下，不懈地练习会让你成为闪耀巨星。迈克尔·乔丹（Michael Jordon），他向我们坦白自己曾经投不进球，若不是他一而再再而三地失球、练习、再失球、再练习，他也不会取得那么高的成就。爱因斯坦（Einstein）曾被学校劝退，劝退理由居然是其不太正常，爱因斯坦的一名同事曾评价他说，若不是他思维独特，他在科学界也不能取得如此大的成就。

可以利用以下句子鼓舞大家多练习：

- 即使有天分也必须努力，成才不易；
- 我很高兴你能一心一意，好的学习者就像你这样；
- 你看起来真的是在努力克服困难，你真棒！

思维模式 3　错误和阻碍

阻碍、困难、甚至是失败都不是绝境，这是我们要解决的常见问题，我们应该积极面对这些障碍，因为它们给我们锻炼大脑的机会，让我们的生活不再枯燥无味，我们也变得更加有创造性。

此外，经常和学生谈一谈错误和失败带来的积极影响，奈杰尔·布伦德尔（Nigel Blundell）的伟大著作《世界上最大的错误》（*The World's Greatest Mistakes*）中记录了很多卓越非凡的大人物犯的错误，他们因为自己的犯错，有了意外的收获，他们因而被大家熟知。另一本著作是由夏洛特·琼斯（Charlotte Jones）所写的《有意义的错误》（*Mistakes That*

Worked)，书中主要讲述了当今社会很多大家喜欢的东西就是因为犯错才发明的，这些东西包括薯条、魔术贴、便利贴等。这两本书中的故事能帮助所有年龄段的学生不再消极地看待失败，因为没有人知道失败后会发生什么。生活起起伏伏，我们需要做的就是从中吸取教训，就像一名一年级学生告诉我的那样，"谁弄乱，谁处理"。积极的语言能够让学生了解困难只是暂时的，有助于学生提高信心，解决难题。例如下面的语言：

• 接下来，你有什么想法吗？

• 哇，你想到了一些很好的方法，将此想法付诸实践，也许能帮你解决问题。

• 我还能帮你什么呢？你已经很努力了。

思维模式 4　促进成长的技巧

利用教学帮助学生厘清思路，让他们知道如何解决问题。

• 遵循支架性教学策略，给学生提示信息，帮助他们获得合适的挑战，在必要时指导他们，为他们提供精神帮助。

• 将拥有固定型思维模式的学生与拥有发展型思维模式的学生分为一组，那么后者的思维方式就会影响前者，前者会不自然地向后者的思维方式转变。

• 教会学生用自我评价策略评估自己，例如，用红色标记评估标准，看一看自己能达到的水平。最好是让学生列出成功的标准，并鼓励他们达到这些标准。

• 告诉学生设置目标时的注意事项，以确保学生能设置一个合适的目标，并列出成功的标准，制订好计划后再向目标前进。他们应该列出需要做的事情的清单，例如，资源、技术、人。他们不仅要在计划中写清步骤，还要准备一个T形表格，见表2.2，第一列记录他们的步骤计划，第三列记录在实际过程中的想法和感受。

- 允许学生犯错，让学生不要畏惧犯错，他们需要明白，正是错误促使他们摒弃不正确的策略，是错误让他们一点点找到正确的路。

表2.2　目标设置T形图

我的计划步骤	如何实行	想法和感受
1.	1.	1.
2.	2.	2.
3.	3.	3.
4.	4.	4.
5.	5.	5.
6.	6.	6.
7.	7.	7.
8.	8.	8.
9.	9.	9.
10.	10.	10.

这些类型的锻炼，给学生提供了成为成功的学习者的步骤方法，而且会让他们受益一生。利用这些方法把学生转变为有发展型思维模式的人，是教师能做的对学生最有利的事情之一。当学生形成发展型思维模式时，当学生面对困难学会坚持时，他们就会变得坚强，具有较高的适应能力。

德韦克告诫教师，表扬学生的刻苦不能仅仅效仿20世纪90年代的"自尊"概念，"自尊"概念是指家长及教师因为一丁点的努力就赞扬孩子，让他们自我感觉良好，而不关心学生到底学到了什么。努力这个词应该包括使用新方法、新技巧、新策略的能力，还包括向其他优秀的同学学习，向目标迈进。应该让学生明白发展型思维模式只是缩小同学间的差距，他们应该明确自己处于什么水平，自己正在朝着什么目标努力，下一步该如何做。

无论是有固定型思维模式的教师还是学生，都不应该拿此作为学生学习成绩不好的借口。德韦克认为，我们其实是处于固定型思维模式和发展型思维模式的中间，正在向发展型思维模式转变。逐渐向发展型思维模式靠近不是一朝一夕的事情，而是意识到发展型思维模式所能带来的益处，并时刻提醒自己朝正确的方向前行。

正如该隐写的："教师是否相信人类有无限潜能和学生可提升的空间巨大，十分关键，教师的思维模式对学生的学习有深远的影响，因此他们需要了解学生的感受和态度。"

提高幸福感

《快乐优势》（The Happiness Advantage）的作者，哈佛大学研究员肖恩·艾克尔（Shawn Achor）认为在大脑愉悦时，会给人带来巨大的幸福感，而幸福感会促进成功。当我们积极向上时，我们的大脑就会变得更具创造性、更有活力、更高效。

艾克尔在他的《幸福之前》（Before Happiness）进一步阐述了影响学生成功的因素。虽然现在我们已经不再说智商决定一切了，但还是会把成功与智商和专长联系起来。然而在现实生活中，这些因素对成功的影响仅占25%，剩下的75%主要取决于3个关键因素：乐观程度、社会支持、对压力的管理能力。

乐观程度

在我们看到成功的希望时,会付出更大的努力去完成目标。艾克尔称:"积极的人无论面对多大的困难,总会透过困难发现克服它们的可能性。积极的人创造性和灵活性会高一些,不会墨守成规。"作为教师,我们可以有意识地培养学生的健康心态,让他们更加乐观,让他们相信成功与努力是分不开的。这并不是说让学生变成盲目乐观的人,只看到美好的一面,而应该让他们有意识地克服消极心态,战胜困难,完成目标。

社会支持

时刻准备好与学生探讨大脑研究与社会支持的关系,以及它们对学习的影响。

将障碍看成挑战与压力管理

艾克尔与德韦克致力研究发展型思维模式类似,艾克尔告诉我们,积极的人无论面对什么困难都会坚持不懈地完成任务,他们会直面挑战,找到解决问题的方法。

艾克尔认为积极的心态会给我们带来"幸福优势",如下:

- 适应性更强;
- 更具创造力,且更高效;
- 减轻压力;
- 多巴胺分泌增加,促进学习。

教学技巧

我们已经介绍了两种促进学生学习的重要方法,即个人品质和发展型思维。现在介绍第三种:教学技巧。教学技巧旨在提高学生的学习能力。这一部分主要讲述以下3种具体的教学技巧:清晰明确、多样化呈现和直接教学法。

清晰明确

芬威克(Fendick)将清晰明确分为结构、讲解、例子、指导实践和学生学习评估5个部分。当然教师清晰明确也包括讲话清晰、语速适当。教师要使用可理解的英语授课,无语法错误,无模棱两可的概念,避免上课时出现语言错误,避免讲话时犹犹豫豫,以便学生能集中注意力,不会因为教师说的话而分散注意力。

教学有效性最重要的因素之一是明确的学习目标,海蒂的元认知分析研究表明,教师的分析明确对学生学习的影响值为0.75。

结　构

结构对一门课而言很重要,开始一门课程前,需要用学生能理解的语言清晰地向他们介绍学习目标,告诉他们成功的标准。教师应该有意地将学习经验与学习结果联系起来,经常回顾已学过的内容,反思课程进度以及学生进步情况。告诉学生将要学习的内容,利用学习目标检测学生的学习情况。

讲　解

为了明确清楚地向学生讲解课程,教师必须做到以下几点,让讲解内容简单化、有趣化、富含意义。

重复很重要，每当看到教师因为学生询问不清楚的地方或者不理解的地方而发怒时，我都感到震惊。首先，很多口头指导，学生一时记不住，也就是说教师指导时，学生当时的学习状态不佳，指导效果可想而知，这也就是为什么在课堂上要用视觉辅助，如图表、投影仪、交互式白板和写字板等。利用视觉辅助可以提高学生的信息理解能力和整合能力，而且能防止学生焦虑，避免教师一遍遍地重复，唯恐学生漏点信息。当学生请求教师再说一遍时，教师如果变得不耐烦，那么学生也就没什么听课兴趣了。

整合新内容，以便学生掌握。大脑需要从整体到部分分析加工，也需要从部分向整体出发。先向学生展示整体，之后再细分一个个小知识点，并将这些知识点与已学知识、理论和方法相结合。

根据学生的掌握情况设置学习进度，不仅要为学习能力强的学生调整学习进度，也要为接受能力差的学生调整进度，以达到均衡，使课堂更有效率。

举例与指导练习

必要时，鼓励学生提问题，教师要及时解答。学生有时不提问题，不是因为他们没有认真听讲，而是因为所讲内容学生初次接触，不能理解，跟不上教师的思维，因而此时需要一定的时间理解、吸收。鉴于此，过渡环节就变得尤为重要，过渡环节是指做好课前准备，如让学生利用视频或家庭作业了解将要学习的内容，然后利用课上时间开展与学习内容相关的活动及讨论。通过过渡环节，学生掌握了一些背景知识，这有利于在学习新知识时，促进学生理解，提高学习效率。学生已有知识水平对学习新知识至关重要，如果学生头脑中没有相关知识，就没有可与新知识联系的神经元，就不利于新知识的掌握。

此外，练习对加强大脑神经元联结也十分重要。马尔扎诺、皮克林（Pickering）和波洛克（Pollock）认为，经过21次的练习，便可达到精通水平，如果学生没有听懂，那就再清晰地重复一遍，直到学生听懂为止。对学生的学习情况给予及时、清楚、精确的反馈，让他们了解自己的学习水平，经常复习已学过的知识，强化长时记忆。

学生学习的评估

检查学生的理解程度，有些教师通过问"听明白了吗"，看学生是点头还是摇头，来判断学生的理解程度。还有些教师通过问"还有什么问题吗"，观察学生是否理解。这样的问题并不是检查学生理解程度的有效途径，学生怕在同学和教师面前说自己没听懂而丢面子，往往更多的时候他们会回答没有问题了。帕特·沃尔夫（Pat Wolfe）提醒教育者和学生，点头或摇头仅仅能说明他们的脖子肌肉可以动，其他的什么也不代表。通过检查家庭作业，提问题，利用形成性评价能更精确地评估学生的理解程度。

多样化呈现

应该鼓励教师向适应学习型专家发展，即既掌握已有的高效率策略，也清楚应该何时何地灵活地运用这些策略，进而发展成为创新型学习促进者。适应学习型专家知道这些策略何时运用对学习有效，也知道这些策略何时不适合学生，并及时终止。达琳-哈曼德（Darling-Hammond）认为，适应学习型教师会不断地扩展自己的知识，更新知识体系，提高自己的能力。教育专家应该具有高度的同感能力，即能够站在学生的角度看问题，鼓励学生。这便需要教师有很强的观察能力，能积极聆听学生的观点和看法，了解他们的理解程度和思维方式，这些都与传统教师不同。传统教师的教学方法并不适用于所有学生，因而教师必须灵活运用教学策略，根据学生情况适当调整。

若想成为适应学习型教师，其中一个重要途径是利用多种方式呈现教学内容，被称为多模式。通过多模式学习，让所有感官参与学习，可以很好地照顾学生的个人偏好，保证学生有更好的机会参与课堂，更有效地获得知识，格拉赛（Graesset）、哈尔彭（Halpern）和哈斯凯尔（Hakel）把学习最主要的几个步骤分为4个主要类型：传授知识方式多元化、知识间联结多样化、练习多样性和知晓所学内容。

传授知识方式多元化

认知负担是指掌握知识所需的努力程度，司伟乐（Sweller）在20世纪80年代末创建了"认知负担"，当时他将"认知负担"分类，即本身固有、外在因素和适当认知力度。本身固有指的是掌握知识本该付出的努力程度；外在因素是指知识的呈现方式；而适当认知力度是指将新知识转变成长期记忆所需的努力程度。教师该如何去呈现新知，如何利用图解方式辅助学生学习和记忆呢？

- 整合知识，以便学生找到其中的联系；
- 采用多种感官参与：视觉、听觉及多媒体形式激励学生，激发大脑运转；
- 将事实、技能及过程联系起来，多个角度看待认知灵活性；
- 确保展示材料及多媒体清晰明了，防止眼花缭乱，分散学生的注意力；

• 任何时候都不要给记忆和认知增加过多的负担。

知识间联结多样化

吸收新知识的最佳途径是建立知识间的联结，即学生将新知识与原有知识联系起来，通过质疑分析，最后建立联系。因而教师需在知识联结过程中给予明确的学习指导：

• 给出知识框架，让学生讨论、总结，促进新知识的整合；

• 将新知识融合到例子或故事中，加强学生对知识的印象，使记忆更清晰；

• 挑战、疑问、反常的例子能够激发学生深度推理，促进学习，因此，需要创造认知平衡，并让学生明白认知平衡是典型的学习策略；

• 在必要时，培养学生的自律意识。

练习多样化

学习新知识、新技能后，每个人都需要实践练习，不断地与新知识、新概念整合起来，因而新知识、新技能反复练习，时常温习，知识才能得到强化，技能才能得心应手地运用。

• 抽象的概念应多角度、多方面举例，以便使抽象变具体；

• 进行间隔的练习，这比不练习要好很多；

• 学生需要了解学习的价值和目的，才能更好地参与课堂，更好地关注学习。

知晓所学内容

学习过程并不是直线递进的，而是迂回散乱的，我们时常会犯错，有时会脱离目标，有时也会遇到不可预知的挑战。此时的学生希望教师能够针对个人给出及时的反馈，以便自己能够朝着目标前进。以下是给出有效反馈的几点建议：

- 最有效的反馈信息是贴合学生的实际水平，如实反馈学生现状；
- 一旦出现错误，教育者需要耐心地引导学生，使学生敢于犯错，并从错误中吸取教训，进步—犯错—进步，无限循环。

布兰福德（Bransford）、布朗（Brown）和科金（Cocking）在他们的著作《人们如何学习》（*How People Learn*）中向教师提供了益于教学的建议和其他一些关于学习的知识。他们首次提出教师需要了解学生的现有知识水平，学生的现有水平是学习新知识的基础，利用原有知识能有效纠正错误信息，规避错觉，使大脑更好地接受新知识。从学生的原有知识入手，并不是说在原有基础上增砖添瓦，而是将原有知识与所学知识联系起来，产生新概念、新思路，更新知识结构。检查学生有没有学到新知识，不断地评估、反省是必不可少的环节。

直接教学法

教学法最近被各种吐槽，这是因为它有时被认为是教师说教，即教师站在讲台上，滔滔不绝地讲，学生坐在教室里被动地听，然而直接教学法也是一种激发学习的途径。海蒂的研究表明，直接教学法对学生学习的平均影响值为0.59。

接下来的部分我们将会讨论高效地使用直接教学法，学生并不是被动的接受者，而是参与整个学习过程，课堂上有很多采用多模式、多元化教学方法的机会。

亨特的 7 步

亚当斯（Adams）、恩格尔曼（Engelmann）和亨特将直接教学法定义为益于大脑开发的教学法，它是一种高效的教学策略，却经常被无效率地用作评估教师的教学成绩。亨特所定义的直接教学法包括以下7个步骤：

- 预先准备教材：激发学生讨论与课题相关的内容，减少精力分散；
- 分享学习目标：设定并分享学习目标、成功要素等；
- 输入与建模：通常从教师、教材、视频、多媒体等渠道获得信息，用建模、展示、讨论、分享成功案例等方式建构知识体系；
- 检查学生的理解程度，多用形成性评价：从质疑、观察、学生反映及舒适度方面掌握学生的理解程度；
- 指导实践：学生在学习新知识、掌握新技能时，教师应对学生的学习进行反馈，并举例示范和给予指导建议；
- 独立实践：从指导实践转变为独立学习、实践，从之前的"我们一直做"向"自己单独做"转换；
- 总结：利用结束语暗示学生本节课已接近尾声，再次回顾学习目标，自我检测本节课的收获，这有利于学生建立学习的连贯性。结尾总结可以有效纠正学生的错误，巩固已学内容，为下一节课打好基础。

扩展练习一般放在学生多次复习知识和练习技能后，用于加强树突间的联结，延伸新知识，并将其永久掌握。

教师认为，直接教学法仅仅适用于能力较弱和年级低的学生，其实不然，直接教学法对学生学业的影响值受学习能力和学习科目的影响，如对正常学生的影响值为0.99，对特殊学生的影响值为0.86，在阅读课上对学生的影响值为0.89，在数学课上，影响值仅为0.50。总体而言，对于每一个学生都会有一定的影响。

马尔扎诺等人的9种因素

马尔扎诺等人分享了影响学生学业进步的9种教学策略，并进行了分析（见表2.3）。这9种策略的顺序是按照其影响值大小排列的。

继《有效的教学指导》（*Classroom Instruction*）一书及相关书籍出版后，在教室应用这些教学策略时，另一项研究开始了，经过10年的实践，作者们公布了关于教学策略对学生的影响和教师运用这些策略的情况。长时间的实践，教师很明确地知道运用策略时，何时能促进学生学习。刚开始，教师尝试运用影响值最高的教学策略，发现利用异同教学法，即归纳共同点和不同点，学生的收获最大。该项策略不是低水平的教学策略，因为学生需要掌握两个以上话题的知识，以便深层对比研究。在实践的过程中，教师开始意识到这些策略何时用，怎样才能发挥最大功能，怎样才能更好地促进学生学习。

表2.3　能够影响学生学习成绩的教学策略分类

分类	影响值
找出相同点和不同点。	1.61
总结和记笔记。	1.00
强调努力，培养努力拼搏的意识。	0.80
家庭作业和练习。	0.77
非语言呈现。	0.75
合作学习。	0.73
目标设置和给予反馈。	0.61
提出假设，验证假设。	0.61
问题、线索和先行组织者。	0.59

总结出的表格表明，这个教学策略在学习过程中对以下 3 种领域有一定的影响，即：(1)营造学习氛围；(2)促进学生提高理解力；(3)帮助学生扩展知识和运用知识。这 3 种分类（见表2.4）在《课堂教学工作》一书中研究得更加透彻。

表2.4 教学策略的框架

第一部分：营造学习氛围 1.设置目标并给予反馈； 2.强调努力，培养努力拼搏的意识； 3.合作学习。
第二部分：促进学生提高理解力 1.问题、线索和先行组织者； 2.非语言呈现； 3.总结归纳和记笔记； 4.布置家庭作业和给予反馈。
第三部分：帮助学生扩展知识和运用知识 1.找出共同点和不同点； 2.提出假设并验证假设。

第一部分　营造学习氛围

第一部分是营造学习氛围，包括以下几个策略：第一个策略是设置学习目标并给出反馈信息，学生心中应该对目标有一个大致了解，然后才能与自己设定的目标结合起来；第二个是强调奋斗的价值，并给予赞许，这就意味着学生要形成有付出才有收获、一分耕耘一分收获的价值观，促进发展型思维方式的形成；第三个策略是合作学习，研究表明，异质小组合作学习对学生整体学习、发展有积极影响。

第二部分　促进学生提高理解力

第二部分是促进学生提高理解力，这些策略能够帮助学生提高挖掘新知识和掌握新技能的能力。这部分中第一个策略是教师在课前将学生的已有知识与将要学习的知识建立一定的联系，为学生学习新知识奠定基础。

第二个策略是非语言呈现。研究表明，知识的学习有语言和视觉两种形式。上课时，学生越多地运用这两种形式听课，就越有机会提高自己的理解力。最近证实，不仅非语言呈现可以帮助学生提高大脑活跃度，肢体参与和角色扮演也是行之有效的学习方法。

第三个策略是总结归纳和记笔记，要求学生先独立分析、归纳学习内容，再用自己的语言解释复述，这会提高学生的理解能力。

第四个策略是布置家庭作业和给予反馈。通过研究我们知道，家庭作业的数量应该因学习阶段而异，年级高的学生可适当多些，年级低的学生家庭作业则不宜过多。另外，家长不要过多地参与，让学生独立完成。在布置家庭作业前，教师应该要求学生按照时间表完成，并设定最后期限。另外，教师还要检查布置的家庭作业，不建议打分，教师给出指导意见，直到学生可以掌握知识和技能。如果布置的作业不合适，反而会起副作用。海蒂认为，家庭作业对学生学业的影响值为0.29，这个影响值因不同学习阶段的学生而有变化，影响最大的是高中生，其次是初中生，最后是小学生。小学生的时间应该更多地用在阅读、练习基本技能和玩耍上，而不应把大量的时间放在家庭作业上。学生完成家庭作业的时间及家长的参与度也会对学生的学业有一定的影响。

第三部分　帮助学生扩展知识和运用知识

第三部分是帮助学生扩展知识和运用知识，这有助于将浅层学习转化为深度理解。

该部分第一个方面是找出相同点和不同点，这能使复杂的问题简单化，教师容易分析，学生也更容易理解和解决问题。教师可以直接向学生呈现相同点和不同点，再以深层讨论、深度探究为辅助。也可以让学生独立找出相同点和不同点。图表是呈现相同点和不同点的有效途径，使相同点和不同点清晰明了。

第二个方面是提出假设并验证假设。研究表明，演绎法最有效果，是从普遍性的理论知识出发，去认识个别的、特殊的现象的一种逻辑推理方法。不管假设是通过什么方法得出的，学生都能清晰地解释自己提出的假设。

总　结

教师的良好态度、正确的价值观、发展型思维方式及益于大脑开发的教学技巧，可以帮助学生营造一种积极的学习氛围，让学生将精力放在学习上，让他们更加相信自己的潜力，积极有效地参与课堂。教师面临的挑战是平衡浅层学习和深度学习。多种途径和方法加工新知识，包括同学间的相互讨论，都可以加深学生对知识的理解程度。学习的体验若是有意义和有趣的，那么学生会更乐意学习。

讨论点

- 本章已经介绍过海蒂的举例，讨论举例中教师的刻意干预产生的效果；

• 讨论通过言语和非语言途径，学生是如何学习知识的；

• 评价教师信誉，思考自己下一个学期应把精力放在哪个领域，并自己设定奋斗目标；

• 谈一谈采用积极向上的态度对待学生，对教师的影响和对学生的意义；

• 想一想自己将如何调整一些策略，如用名字称呼学生，避免对学生贴标签。

第三章 激发同伴的作用

我们接受的教育是分清自己的角色，即教师是教育者，学生是学习者。然而研究发现，同伴关系在学习中占有很重要的地位。本章主要讨论以下几点：(1) 课堂上，同伴关系的重要性；(2) 通过同伴关系激发学习；(3) 通过同伴辅导激发学习；(4) 利用交互式教学激发学习。

课堂上同伴关系的重要性

同伴关系对学生学习的影响举足轻重，海蒂通过研究得出同伴关系对学生学业的影响值为0.55，并列举了在互相帮助、相互辅导、友谊关系、相互评价等方面的影响。

友　谊

同伴间相互促进最简单的方法就是建立友谊，积极的同伴关系确实能够让学生更乐意来学校。同学间的友谊对学生的影响是巨大的，因为他们会相互关心、相互支持并增加互相学习机会。有的孩子只要没事就会去学校，从来没有不愿上学的时候，并不是因为他们热爱学习，而是因为他们在学校里有很多朋友，担心如果自己不去学校，会错过很多有趣的事。如果朋友们搬家了,他们就感觉自己的生活变得黯淡无光了。

转学到新学校时,如果学生能在一周之内结交新朋友的话,就预示着他们已经成功地加入了这个新集体。社交关系对青少年来说尤为重要,因为他们也会经历婚姻—生育—死亡的过程。社交关系也会影响到学习,尤其是青少年时期,同伴关系会直接影响到学习成绩。

罗伯特·萨波尔斯基(Robert sapolsky)在他的著作《为什么斑马不得胃溃疡》(Why Zebras Don't Get Ulcers)里强调了友谊的重要性。萨波尔斯基通过观察灵长类动物以及其与同伴间的关系,得出当它们遇到压力时,若有朋友在场,在心理上就不会感觉这种压力太强大。同样的压力,若灵长类动物处于陌生环境,就会感觉这种压力很强大。压力的大小取决于我们遇到压力时与谁在一起。

我们有交朋友的需求,若需求得不到满足,就会产生负面影响。布斯(Buhs)、莱德(Ladd)和赫勒尔德(Herald)称,如果学生没有获得同伴的认可,那么该学生就不愿参与课堂,这样势必会影响学习成绩。小组合作时,这类学生也会感到茫然,他们当中有些是因为缺乏社交能力,所以被其他同学排斥;有些是因为缺乏共鸣,所以被大家孤立。佩里(Paley)写了一本书,名叫《你不能说也不能玩》(You Can't Say You Can't Play),该书获得广泛赞誉,其中就写了关于如何让学生在课堂中和其他同学建立良好的关系。虽然作者是一位幼儿园教师,但提出的建议却适用于任何年龄段的学生。

通用社会互动

需要明确指出的是,社交需求远比个人友谊的需求宽泛。潘克沙普告诉我们，人类需要与他人交流和相互协作，不仅是因为亲密的友谊对我们的意义，还因为我们有与他人接触交流的内在需求。我们不仅需要独处，同时也需要有一定的时间与他人相处。有些学生十分喜欢与他人互动，但由于缺乏社交技能，因而在学习中并不能很好地与搭档或小组成员交流沟通。情商是成功的关键因素，因为学习需要培养自我情感意识，要求学生能够自我激励，还要养成自律意识。情感共鸣与社交技能是人与人之间相处融洽的关键因素。

归属感是人的内在要求，也是与他人合作和互动的始作俑者。鲍迈斯特（Baumeister）和利里（Leary）的研究表明，归属感需求是激发我们其他需求的原动力，如贡献、亲密感和赞许。他们还强调归属感的需求就像人对食物的需求那样不可或缺，追求归属感是人的本能。因为内在的归属需求使得我们与他人合作，也因为与他人合作，我们会产生更好的归属感，这是一个无限的循环。

从神经学的角度讲，人类神经认知的发展需要一定的社会互动时间。与他人互动交流不仅是我们的内在需求，还可以满足人类的生理需求。一旦被剥夺与他人互动的机会，大脑细胞就会减少，因而就无法完成对人类很重要的神经元的连接。我们的社交需求主要是由镜像神经元引起的，神经学家发现，我们的神经元有镜像功能，镜像神经元可以反映他人的行为。

因为压力所致，社交互动对大脑的发育十分重要。第一章已经讨论过过度的压力会抑制学习。在巨大的压力下，大脑就会处于逃避还是迎头而上的矛盾之中。肾上腺素及皮质醇的释放使得整个人处于高度警惕状态。学生在处于压力状态时，便不能集中精力学习，体内的扁桃腺素也会向大脑传达危险信号，这必然会影响学习。最后，由于扁桃腺过于活跃，大脑的记忆能力被抑制，无法完成学习。社交互动可以减轻压力，当自己被别人欺负或看到别人被欺负时，积极互动能减轻压力。若小组合作时现场出现状况，同伴间的互动可减轻压力。通过互动，学生可畅所欲言，不再担心自己会说错话，也不再害怕自己被嘲笑。

在良好的情绪下，学习内容保存在大脑里的时间会更长，因而记忆更深刻，不容易忘掉，克拉申（Krashen）认为，当学习者处于愉悦状态时，多巴胺的分泌会增加，进而促进学习者学习。教师可利用同伴的互动及协作，有意识地激发学生的学习。

通过同伴关系激发学习

很多研究者强调课堂协作的重要性，维果斯基（Vygotsky）强调我们可以从知识渊博和能力强的教师身上学习，他们在协作时会给学生创造被认可的机会，让学生在同伴间获得存在感。

协作学习不仅能提高学生的学习成绩，加强同伴间互动，还能够提高学生解决问题的能力。研究还发现，协作学习能激发学生内心的学习欲望，而且小组合作比大组合作效果更好。斯莱文（Slavin）发现，在小组合作中，当学生全身心投入时，才是他们将精力放在任务上的时候，斯莱文将这一时间称为"专注时间"。在学生专注的时候，参与讨论并付出行动要比安静地聆听收获更多。

增加小组之间的协作机会，培养学生的集体主义精神，教师在其中起着关键作用。以下部分将对如何加强同伴关系给出具体的建议。

独白与对话的比较

教师独白法是存在已久的教学方法，即教师讲、学生听的方法。独白法在教学方法中占有一席之地，不可能完全弃用，要做的就是将其与其他教学法相结合，找到其中的平衡点。现在的大方向是家长渴望自己的孩子可以四处走动，多说话，锻炼交际能力，然后在他们把孩子送到学校后，我们却期望他们能够安静地坐着听讲，除非被提问，否则就不要讲话。比尔和梅琳达·盖茨基金会为美国3000个教室赞助了网络摄像头，通过摄像头观察每个班级，监测日期为3个月，监测人员发现，65%的教师在3个月内没有与同学进行讨论。

班级人员多的情况下，大多数教师会采用讲授的教学方法，就像打乒乓球一样，一来一往，即教师问一个问题，学生回答一个，最后教师评价学生的回答。大多数的问题都是低水平问题，且课堂上大多数时间都是教师说，学生听。亚历山大（Alexander）发现，一般情况下，学生讨论时间不足课堂时间的5%。提出的问题通常是检查学生是否在听，而不是加强学生思考的开放性。这种教学方法会促使学生逃避回答问题，把希望寄托于"老师不要提问我"。例如，当教师提问时，学生不会去思考，他们心里的独白是："我听到了这个问题，但我不确定答案。""现在有6个举手的同学，所以老师应该会提问他们。""我今天已经回答完问题了，如果我假装看笔记或系鞋带，老师就不会再提问我了。"

教师一直用独白法上课，这似乎对学习能力强的学生并没有太大的影响，因为他们在学习新知识时，能够自学。但对于学习能力较弱的学生而言，他们的自学能力也不强，因此，教师独白对这类学生而言，是不适合的，他们会时常感到困惑，也没有办法投入学习。学生需要真正的对话来促进学习，视觉学习研究发现，清晰的对话能够提高学生的学习成绩，独白对学生学习的影响值为0.40，而讨论对学生学习的影响值为0.82。

在了解了讨论对学习的促进作用后，教师如何将独白转变为以同伴间交流讨论为主的对话呢？如何将低质量的工作表换成高效、有趣的学习任务呢？我们一起回顾一下学生被提问的概率问题，不要经常找那几个愿意回答问题的人回答，更好的方法是思考—讨论—分享。这是由莱曼（Lyman）和迈尔泰（Mctighe）提出的，在该方法中，教师提出问题后告诉学生："不要举手回答问题。"而是给学生一分钟的思考时间，让他们与同桌讨论，寻找答案。在简单的小讨论后，学生再进行小组讨论，然后做好回答问题的准备。

方法虽然简单，但是对大脑的思考十分有益。通常教师提出问题与让学生回答问题的间隔时间很短，事实上，学生需要5~7秒的时间从长时记忆存储区中提取信息，并将信息转至工作记忆中，最后在工作记忆区思考。在课上，等待的时间尤为重要，若所提问题是简单问题，也许学生能够快速反应。但当遇到难一点的问题时，学生就需要更多的时间思考，毕竟学生需要时间提取、整理和分析与问题有关的知识。如"故事中有哪些角色？"比问题"你觉得书中哪个角色影响力最大？情节是如何跌宕起伏的？你能举个例子吗？"要简单。若想真正促进学生思考，我们就需要给他们足够的思考时间。教师等待答案的时间内，有时会觉得不舒服，觉得安静地等待答案有点怪，但是这些等待的时间对于学生思考却是十分重要的。这让我们想起了第二章中讨论过的发展型思维模式，即不能立刻知道答案没有关系，学习得慢慢来。教师可利用以下方法防止自己急于寻找答案：

- 保持安静；

- 站好，表现出沉思的样子；
- 提示学生"我们都需要时间思考"；
- 告诉学生请不要举手回答问题；
- 建议学生独自思考，努力获得最佳答案；
- 重述问题，让学生明确自己要思考的问题；
- 给予学生时间，让他们检查信息；
- 不要催促；
- 让学生简单记下答案，之后再回过头来观察；
- 允许学生不回答问题，让其多思考，你可以过一会儿再提问。

教师若想加深学生的理解，培养学生的高阶思考能力，那么掌握提高对话质量的方法就变得十分重要。若给学生一个有趣的挑战性任务时，他们会受益很大。

对话教学法对于喜欢边说边学的学生十分重要，对第二语言的学习尤为重要，例如，强调词汇的理解，复述所学内容，对话是很重要的方法。尽管我出生在双语国家，在学校还学习了多年的法语，但至今法语还是说得不太好，若想学好一门语言，学习者需要专心致志，我们不要刻意地去教他们如何使用语言，而是和他们用所学语言进行交流，鼓励他们和我进行对话。

我孙女叫梅根，在她两岁的时候特别爱说话。有一个和她同岁的男孩伊兰寡言少语，非常胆小，在游泳池旁边不敢下水，一天，梅根将泡沫条扔向他，试图引他下水，他只是说："跑，跑。"梅根告诉我伊兰不喜欢泡沫条，但是男孩的奶奶说他称泡沫条为"跑"。了解情况后，梅根径直游向伊兰，给他一个绿色的泡沫条，并告诉他："伊兰，你看，这是泡沫条，你能说泡沫条吗？来，一起说泡沫条。"梅根教伊兰实在是出于情不自禁，因为自己的父母、爷爷、奶奶、外公、外婆都是从事教育的人。

创新教育模式：让课堂"活"起来

　　学习英语就是要说出来，学生需要在融洽的氛围中练习，也需要几个互相支持、互相鼓励的搭档。通过对话，可以让学生增加词汇量，加深理解，纠正错误还可以使大脑反应更灵活。另外，在学生讨论时，教师可以旁听他们的讨论，通过观察学生间的讨论，我们可以了解学生学会了什么，知道哪里还有欠缺，哪里还需要纠正。

评价与扩展的对比

　　对学生的回答进行评价很大程度上会增加学生的焦虑和紧张感。在师范学校时，我们被要求对学生的回答做出积极评价，如"做得好""真棒"，事实上，这些评价会干扰学生的思考。如果一个学生的想法与教师给出"真棒"的学生的想法不一致，那这个学生就会怀疑自己，从而变得不主动、不积极了，因此积极的评价会妨碍其他学生的思考。如果问题只有一个明确的答案，那么教师夸赞回答问题的学生是可以的，但如果问题是开放式的，教师对学生的评价最好如下：

- 谢谢你的回答；
- 这是其中的一种方法；
- 我还没想到这种思路呢；
- 有意思；
- 继续说；
- 你能给我举个例子吗？
- 谁和他的思路差不多？再补充一下；
- 谁还有其他的想法？
- 对此，谁还有想说的吗？

- 你怎么想到的？
- 你的依据是什么？
- 你是怎样得到答案的？
- 你对他刚才的观点有什么想说的？
- 你认为他这样说意味着什么？

教师需要聆听，正如古谚语所说，我们天生有两只耳朵，一张嘴，意思是多听少说。史蒂芬·柯维（Stephen Covey）提醒我们，我们首先要理解别人，从而会理解他的想法，也能更公正地评价他的答案。不仅如此，我们还能了解他掌握的知识。

通过聆听，我们可以及时纠正学生的错误，了解学生的爱好，并可以针对某个学生给予个别指导。教师认真地聆听会让学生觉得教师尊重自己的想法，重视自己，从而更愿意参与课堂。除此之外，聆听也有助于我们了解学生的思维层次，有利于我们设置更合适的问题，更有效地促进学生的发展。聆听过程并不是判断学生回答或思维方式的对错，而是对话、引导，让学生敢于发言，不担心自己出错。对学生回答的否定评价是让学生停止思考的最快方式，因而，尽量避免负面、消极的评价。

据说教师提的问题85%都只有一个答案。为了弄清楚教师的真正意图，学生大都喜欢打破砂锅问到底。但从科学的角度来看，学生应该思考问题，并根据所学知识合理解决问题。布莱克（Black）和威廉姆（Wiliam）在英国中学开展的研究发现，当学生有更多的思考时间时，他们就会思考得更深刻、更全面，给出的答案也就更完整、更全面。长时间地练习巩固后，学生对所学知识会有更深入的理解，取得的成绩也会更好。布莱克、哈里森（Harrison）、李（Lee）、马沙尔（Marshall）和威廉姆还得出类似结论,即给予学生更多的思考时间,学习效果会更佳,学生的成绩提高得也更明显。教师经常会认为自己的责任是向学生传授知识,但向学生传授知识并不等于学生能完全接受。道尔(Doyle)和施特劳斯(Strauss)提出"口香糖"概念,认为教师给学生的其实是口香糖,学生要做的是嚼口香糖,他们两个的建议是"少些口香糖,多些咀嚼时间"。学生说得越多,讨论得越多,则获得的知识就越多,记忆也更加牢固。在21世纪,协作、沟通、批判思维以及创新性思维是必不可少的,学生对话可以促进以上能力的发展。设置的问题应该满足学生思考的广度和深度,提高学生的全方位思考能力,因此,提出开放性的问题十分重要,因为答案各异,学生的思考维度也会很大。

布鲁姆(Bloom)的思维分类法

布鲁姆思维分类法创立于1956年,丰富了思维的维度。在2001年,安德森(Anderson)和克拉斯沃尔(Krathwohl)修改了布鲁姆思维分类法,其中包括增添了更多批判性与创造性思维的要素,包括以下步骤:

- 记忆:获取长时记忆;
- 理解:利用单词、象征词及图片加深理解;
- 运用:运用多种方法;
- 分析:先从整体到部分,再从部分到整体;
- 评价:根据标准判断;
- 创造:超越、重建、创新。

为了激发学生思维,提问和活动应该在各个水平段展开。利用思维的不同层次辅助学生复述所学内容,让学生加快知识的内化。表3.1列举的是所有思维分类法的提示信息。

表3.1 布鲁姆的思维分类法

思维层次	过程中涉及的主要动词
记忆	记忆、定义、列表、辨别、贴标签、陈述。
理解	讨论、描述、总结、解释、计算。
应用	展示、应用、解决、运用。
分析	分析、对比、比较、质疑、分类。
评估	判断、选择、评估。
创造	创造、发明、建造、涉及、同化。

表3.2列举了与每个思考水平相对应的问题提示及可能开展的活动。

表3.2 根据布鲁姆的分类学习理论，区分每个层次相对应的问题和活动

问题	活动
一级水平：识记 1.……的定义是…… 2.之后会发生什么？ 3.回顾事实依据。 4.……的特点是…… 5.哪个是对的？哪个是错的？ 6.多少？ 7.谁是？ 8.用自己的语言叙述。	1.定义…… 2.列出时间顺序表。 3.制作事件表。 4.写出一系列关于……的步骤。 5.列举故事中的所有人物。 6.画出流程图。 7.写一首离合诗。 8.背诵诗歌。
二级水平：理解 1.为什么这些思想类似？ 2.用自己的语言复述课文。 3.你认为会发生什么？ 4.这些思想有哪些不同点？ 5.解释后续发生的事。 6.有哪些例子？ 7.你能给出……的定义吗？ 8.主要特征是什么？	1.画图展示事件。 2.列出你认为的主要思想。 3.制作卡通动画展示后续问题。 4.基于……写或表演…… 5.将……和……进行对比。 6.创造模板。 7.写一份新闻报告。 8.准备流程图，展示事件的发展情况。

续表

问题	活动
三级水平：应用（应用是建立在理解基础上的） 1.另一个例子是…… 2.阐释……的方法。 3.哪一个最像…… 4.想问什么问题？ 5.你想改变哪种因素？ 6.能发生……为什么？ 7.你是如何整理这些思想的？	1.建立、利用模板展示。 2.制作PPT展示事件。 3.收集…… 4.设计思维导图，扩展相关知识。 5.浏览收集的图片、资料，研究某一特定方面。 6.创造壁画描绘。
四级水平：分析 1.组成成分是什么？ 2.在……的过程中，重要步骤是…… 3.如果……然后…… 4.你还能想到哪些结论？ 5.事实和原先的假设有何不同？ 6.结论是…… 7.……和……之间的关系是……	1.设计关于……的问题问卷。 2.开展调查，得出…… 3.制作流程图，展示…… 4.制作图表，展示…… 5.上演…… 6.基于标准，复习回顾…… 7.准备报告。
五级水平：评价 1.你的观点是…… 2.评估……的可能性。 3.对……打分或定级。 4.你认为应该得到什么样的结果？ 5.你喜欢何种解决方案？给出理由。 6.最好以及最差的系统是…… 7.评估这些思想对……的价值。 8.更好的选择是……	1.列出你自己的评估标准，明确优先选项。 2.针对某一问题展开讨论。 3.附上注释、目录等。 4.关于某一话题，组建讨论组。 5.举例子，陈述自己的观点。 6.列举一些常规假设，评估自己的反映情况。
六级水平：创造 1.你能设计…… 2.为什么不根据……创作一首诗呢？ 3.为什么不利用你自己的方式去…… 4.你能创造出新颖或独特的用法吗？ 5.你能为……提出一些建议吗？ 6.你如何解决…… 7.为……发明一种体系。	1.创造模板，展示你的想法。 2.为……设计计划或方案。 3.完成未完成的…… 4.针对……提出假设。 5.改变……因此会…… 6.针对……提出意见和建议。 7.指定……方法。 8.给书重新起个名字。

组块法

组块法是检查学生思维6个层次的有效方法。教师可为组块的6个层次逐一给出提示信息，学生可以将这些提示信息整合，并与学习搭档一起讨论、研究。学生也可以为组块创建提示信息，并与搭档一起整合、分析之后利用这个信息，完成想要完成的目标。利用组块法能够促进搭档或小组内的讨论，加深学生对概念的理解，详见图3.1和图3.2。

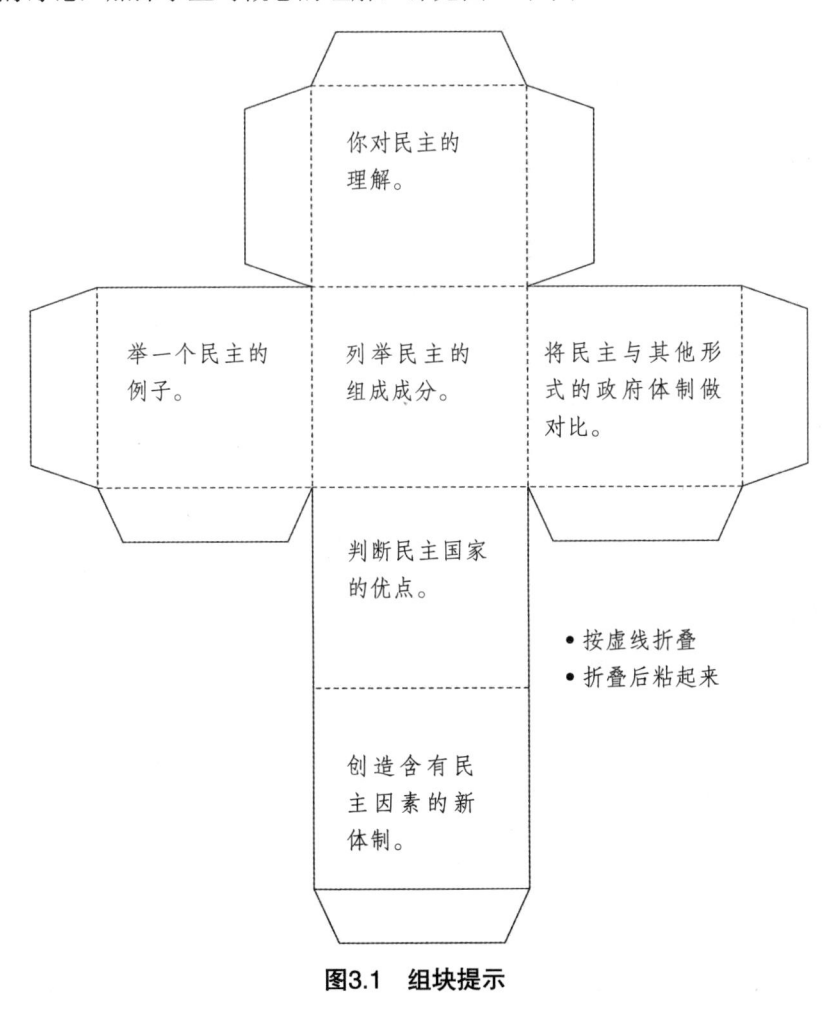

你对民主的理解。

举一个民主的例子。

列举民主的组成成分。

将民主与其他形式的政府体制做对比。

判断民主国家的优点。

- 按虚线折叠
- 折叠后粘起来

创造含有民主因素的新体制。

图3.1　组块提示

创新教育模式：让课堂"活"起来

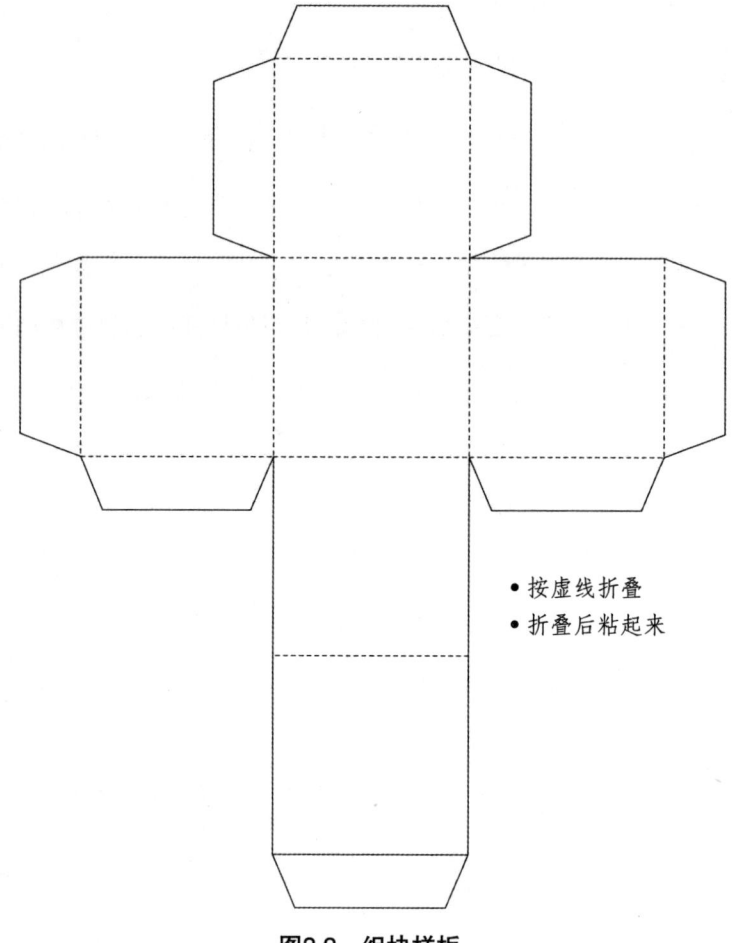

- 按虚线折叠
- 折叠后粘起来

图3.2 组块样板

搭档法

在开展对话时，教师有时也特别迷茫，原因如下：

- 学生易偏离任务轨道；

- 讨论的声音太吵闹；

- 讨论似乎能更快地让学生知道答案，教师需要做的是保证信息的正确性；

- 讨论时，教师有时会无法控制局面。

学习中离不开搭档，讨论时只有两个学生一起讨论，而且是面对面地交流时，效果会更好。两个人之间的交流省去了很多开场时间，也避免了大组讨论时一个同学发言，其他同学注视的场面，两个人讨论会让发言者更自在，压力也小很多。两人讨论可以促进彼此能力的提高，通过分享想法，提出质疑，使他们的思考更全面、更深刻。

搭档的分配有很多种方法，教师希望学生尽可能多地与同学交流，建立一个和谐的班集体，并锻炼学生的社交能力。我们经常为学生随机地换搭档，因为这样他们既可以从学习能力强的学生身上学到知识，也可以从学习能力有待提高的学生身上学到长处，因此随机选择搭档很重要。随机选搭档的方式有多种，其中一个简单的方式就是就近选搭档，即前后桌或同桌一起探讨问题或直接对教师所讲内容展开讨论。他们可以面对面地讨论，如指定的题目、提出的问题或教师布置的任务。

相对复杂一点的方法叫预约卡，预约卡方法是让学生先与3个或4个学生预约，以便在讨论不同的话题时，教师会有选择地让学生与他选择的那三四个同学中的其中一个组成搭档，具体操作如下：

• 准备预约卡，例如4厘米×4厘米的卡片，卡片中是4个季节，雪人代表冬季，沙滩代表夏季，雨滴代表春季，南瓜代表秋季（详见图3.3）；

• 首先学生将自己的名字写在预约卡上；

• 然后，学生便可在教室内为每个季节预约同学；

• 预约成功后，便会在4个图片上写下彼此的名字，比如，想在"秋天"见面，就在南瓜的旁边写下所预约的同学的名字；

• 当将4个季节全部预约完后，就可以返回自己的座位了；

• 这样教师便可利用预约卡，让学生讨论了。如"和你的夏天搭档一起讨论",利用思维图解,找到两种理论的共同点和不同点。

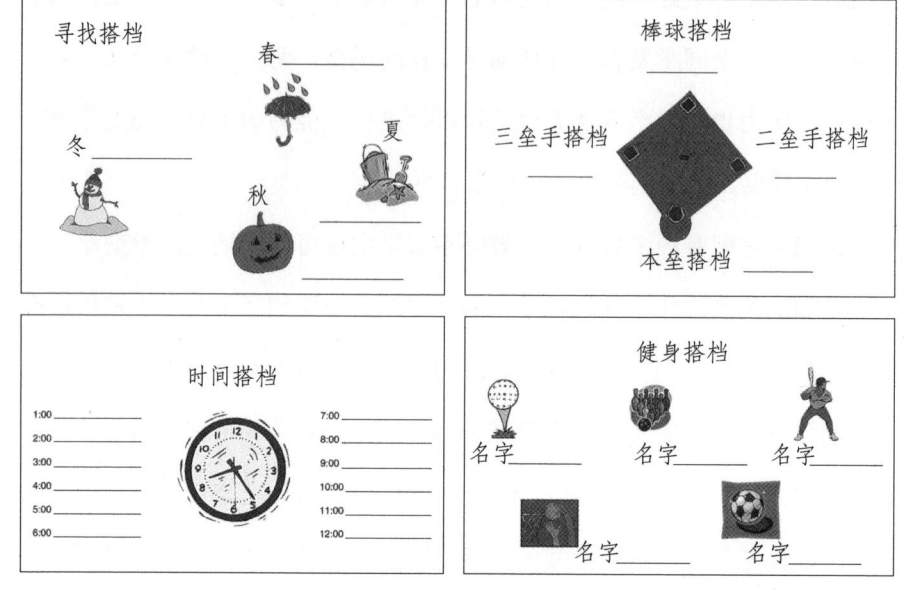

图3.3 预约卡

精心设计预约卡

另一种预约卡的使用方法更有条理,该方法不会让学生自由选择搭档,而是让学生面对面排成两排(见图3.4)。站在自己对面的那位同学便是自己的第一个搭档,然后将搭档姓名写在第一张预约卡上,之后其中一组向右移动,这样站在对面的同学便是另一位同学了,也就是第二个搭档,以此类推,找到更多的搭档。

图3.4 学生站成两排

转身讨论

转身讨论是利用简单明确的焦点讨论，来检查学生的理解程度并联系新技能的合作学习方法。通过讨论能建立彼此间的合作关系，并帮助学生厘清思路、交换想法。此方法适用于各种教材，适用于所有年级。特别是在教师直接指导教学的大环境中，此方法很有效。

- 呈现任务、困难、提出问题；
- 就近转向另一个同学，通过点头或摇头确定搭档；
- 在学生里与第一个搭档完成任务时，再去寻找第二个搭档，继续完成任务；
- 根据实际需要，来回往复。

一旦搭档确定下来，便可进行搭档合作的活动，简单介绍几个活动。

滔滔不绝地说

学生找到自己的搭档，然后轮流发言，发言时结合自己的肢体语言，便于搭档理解，在学生听搭档发言时，鼓励他们用点头或微笑回应。交流结束后，调换搭档。

随便说几句

教师可利用随便说几句策略鼓励学生想一想、说一说刚才所学的内容。教师会提问，让他们想一想所学知识，并跟搭档说一说，这样有利于巩固新知识，也利于提高学生的表达能力。教师应该着重听听学生感兴趣的地方，以便以后能更好地开展教学，还可以纠正一些错误。

角色转换

合作学习要求两个搭档要时常转换角色，即从聆听者变为发言者，或从发言者转为聆听者。角色转换有利于检测学生的理解程度，还有助于学生将所学知识存入长时记忆。因为每个学生都必须发言，所以每个搭档都十分重要。

- 组成搭档；
- 布置讨论或复习任务；
- 一个同学发言，另一个同学仔细听；
- 角色互换；
- 仔细听的学生必须跟上发言学生的思路，才能添加新内容；
- 根据实际情况，决定是否角色互换。

同心圆

同心圆策略可以确保所有学生都有相同的机会参与，同学围绕一个问题有序地讨论交流。所有学生围成两个圆，一个圆包围着另一个圆，两个圆上的同学面对面地站立（见图3.5）。他们有特定的话题，教师发出信号要求其中一个圆顺时针转动时，每个学生就有了一个新搭档。

- 分组：一半的学生围成内圆，另一半的学生围成外圆；
- 任务：布置任务，给学生几分钟的独立思考时间；
- 分享：站在内圆的同学率先向外圆的同学分享自己的观点、看法，之后角色互换；
- 循环：处于外圆的同学顺时针方向移动一个位置，与新搭档一起交流想法，教师也可重新提问题。

图3.5　同心圆

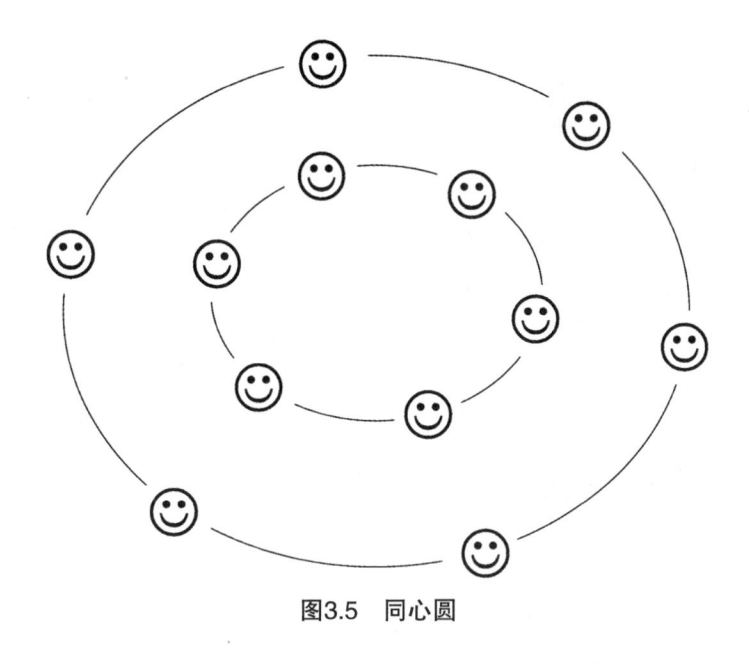

使对话更有成效的几点建议

有些教师担心让学生自由讨论是浪费时间，然而这样的理念往往会使教师拒绝采用这种强有力的对话策略，因而错过加深学生理解的机会。做好预约是一回事，顺利组合和激活学生思维却是另外一回事。当你要求学生与他们的搭档组合时，给他们5秒钟的时间，让他们一起站好或找地方坐下，做好准备，仔细听教师给他们布置的讨论任务。也许他们在第一次组合时并不顺利，但经过数次的练习，情况会大有改观。我们必须长久坚持，直到学生能够顺利、有序、有效率地完成组合。一旦习惯养成，学生便会快速、安静地组合或解散，这样便会有更多的时间用于讨论。当有新想法时，一定要付诸实践，也许你能创造出一种新思路。

教师可以在教室里来回走动，近距离地听一听学生的讨论情况，并给予及时的指导，以便学生关注于任务。听学生讨论是教师评估学生理解程度及掌握情况的有效手段。

长时间地合作会营造出一种良好的学习氛围，学生间建立信任有利于班集体的建设。因为搭档的选择是随机的，所以可以增加同学间的联系，一个学期后，他们会发现，自己和所有同学都曾搭档过。学生刚开始可能需要一段时间提高自己的聆听能力，在学生养成仔细聆听的习惯后，可开展两个同学一组的讨论，让他们协作完成任务。

通过同伴辅导激发学习

同伴辅导不仅被辅导人受益，辅导者也受益匪浅，根据海蒂的研究，同伴辅导对学业影响值为0.55。海蒂强调可见学习需要学习者不仅要把自己定义为学生，还要将自己视为教师。同伴辅导的优点在于培养学生的自我管理意识，这要求他们必须从学生的角色向既是学生又是教师的角色转变。

同伴辅导是指小组中的一个学生帮助另一个学生学习新知识的过程，小组内的同学能力各异，若两个能力不同的人为一组，效果会更佳。学生在辅导的过程中也可以转换角色，谁擅长该部分谁就当辅导者。

通过同伴辅导，所有学生都会受益，有些学生擅长阅读，而有些学生擅长数学，这两类学生组成一组，便会相得益彰，更容易解决疑难问题。即便你是成绩卓越的学生，你在给其他同学讲解的时候，收获也会很大，同时还可以加深你对知识的理解，巩固所学知识。

回顾同伴辅导项目，发现：

- 擅长阅读的同学，在辅导他人的过程中，也提高了自己的阅读能力；

• 辅导者在辅导的过程中得到了极大的锻炼，被辅导的学生成绩也有明显提高；

• 实践证明，所有的学生都能从同伴辅导中受益，无论是同年级的同伴辅导，还是跨年级的同伴辅导。

同伴辅导带来的益处有：学习成绩提高、记忆力增加、人际关系改善、个人技能提高、学习动机加强、失败率和辍学率降低。不仅仅是学生受益，教师也能从中受益，因为同伴辅导能够提供满足个别学生需求的机会，增强班级的包容性，减少学生不良行为的发生。

所有参与同伴辅导的学生，不分年级，其阅读能力都有很大的提高。在同伴辅导中，学生既是"教育生产者"，又是"消费者"，而且同伴辅导是提高学生数学及阅读成绩的最有效方式。

同伴辅导给学生带来的益处

卡尔维斯（Kalkowski）列出了同伴辅导学习法对于辅助者的益处：

• 通过反复回忆、总结，提高了自身的理解能力；

• 增强了学习的信心；

• 养成了高阶思维模式；

• 学习动机更强；

• 自尊心增强，通过帮助别人，同学对自己的评价更高，会为自己骄傲；

• 提高了沟通技巧，产生了更多的共鸣；

• 改善了对某学科的态度；

• 责任感更强了。

利用交互式教学激发学习

交互式教学是在宏观教学情境下，教师的教与学生的学围绕着一个问题进行平等交流和自主互动的一种教学方法。帕林斯卡（Palincsar）和布朗首次提出交互式教学的概念，目的是帮助学生就课文的理解来展开讨论。

交互式教学重视学习者之间以及师生之间的相互支持和促进，提高他们对课题的理解。在协作学习时，交互式教学更好地体现了师生之间以及学生之间的对话，而且交流双方还可以轮流扮演教师的角色。

预测是学习过程中必不可少的步骤，学生在阅读前，先预测材料中的内容，阅读后再检测自己之前的预测是否正确。

交互式教学方法给学生提供了4种具体的阅读策略。这些策略可积极、有效地培养学生的阅读能力。

- 提出问题：教师或学生先提出问题，然后与大家一起思考，可选择某个学生单独回答，也可集体回答，答案应有理论依据；
- 阐明：用自己的语言复述阅读材料，可以加深学生的理解，因为学生只有全面地理解材料，才能做到复述材料，教师要及时纠正学生出现的错误；
- 总结：学生画出重点部分，总结成表格，利于记忆；
- 预测：学生对阅读及讨论的材料提出假设，进行概括和预测。

有效率的读者更倾向于结合使用这4种阅读策略，这4种策略着重点不同，成功的阅读者会利用一种或多种策略处理阅读中的问题。

策略 1　提出问题

通过问自己问题来评估及检查自己对文章的理解程度。通过提问题，学生可以了解文章中的主旨、思路以及重点。与其说是提问题，不如说是复习，提问题会使学习者更加了解文章内容。

提出的问题可以是易出错的理解问题，易混淆的思想，也可以与过去学过的知识联系起来。

策略 2　阐明

阐明策略主要是"解码"，即将信息分成一个个可以理解的小部分，同时也着重解决棘手的词汇问题。

阐明策略包括识别并理解文章中的难点、易混点以及不熟悉的段落。不熟悉的段落包括不常见的句子结构、没见过的词汇、笼统的介绍以及模糊的概念。阐述策略要求重读文章，理解文中含义，利用上下文帮助理解段落的意思。

阐明者需要知道哪里是易混部分，并尽力回答提出的问题。

策略 3　总结

总结是阅读者筛选文中重点和非重点的过程，学生需要忽略不重要的信息，然后归纳重点。

总结是找出文中重要信息，了解文章主旨及思想，并将它们总结成明确、简洁且包含文章主旨的内容。总结是从文章中某一句话、某一个段落中、某一部分或者是整个文章中提取的精华部分。

做总结的人需要用自己的语言概括文中的主旨，主旨可能出现在文章开头，也可能出现在结尾，或者是在文章的某一个段落或某一句话中，因而做总结需要先理解文章。

策略4 预测

预测是阅读者主动将自己所学知识、经验与正在阅读的文章结合起来，通过阅读文章开头预测下一段会写什么。预测的内容不要求准确，却要求明确。

预测策略倡导理解阅读，即去证实或推翻自己提出的假设，预测的人可以对作者将要写什么提出各种假设。如果是对文学作品做出假设，那么推测的内容便是故事下一个情节是什么，或者是有怎样的结局。

交互式教学的模式

交互式教学过程中，会产生各种各样的灵感，会发展学生能力。交互式教学策略倾向于培养学习者的自我管理、自我监督能力，并促进有意义的学习。

采用交互式教学时，刚开始师生同时阅读一篇文章，然后教师示范"披头士四人组"学习策略，师生交流探讨，最后达成一致，教师大声地说出大家的思考过程。随着时间的推移，教师参与越来越少，学生利用这些策略也越来越灵活，学生们也更自信了。教师要观察小组中个人的优势、弱点及思维习惯，之后根据实际情况对学生进行指导，让他们发挥自己的优势，养成良好的思维习惯。

表3.3记录的是利用交互式教学策略，逐渐减少教师辅助的过程。

表3.3 在维果斯基的最近发展区理论指导下，学会阅读

实际发展区	最近发展区		实际发展新区
逐渐减少教师辅助			
• 学生自主阅读，运用与本身实际阅读水平相一致的思维过程、已内化的策略和理解能力。	• 教师利用有声思维过程，教授新的阅读策略。	• 教师与学生一同讨论并使用新的阅读技巧 • 教师提示学生在阅读过程中，运用新策略，然后识别他们所使用的多种阅读策略。	• 学生进行更高水平的自主阅读，运用与实际阅读水平相一致的思维过程、已内化的策略。

利用交互式教学，教师渐渐将指挥权交给学生。交互式教学包括若干个技巧，涉及学习者、学习内容及学习地点这3个领域。

- 要学习的是加强阅读理解的认知策略，学习过程中强调如何学会学习，而不是学会什么具体的内容；
- 认知策略的学习只会发生在真正的阅读理解任务时，不能将其与阅读分开。

总　结

同伴作用是无法忽视的重要因素，积极和谐的环境、同伴间的交流互动、激励讨论的各种策略，这些都是促进学生学业进步的关键。若教师一直采用站在讲台上，为了讲课而讲课这一单一策略，就不可能激发学生的学习动机，就会错失学生积极参与课堂的机会，学生获得的也只是对新知识、新技能的浅层理解。

下一章我们将会介绍小组合作学习，小组合作是通过对话和社会互动，激发学生思考，提高学生成绩的有效方法。

讨论点

- 阅读和讨论对同伴影响的研究；
- 讨论人类的内在社会需求，什么样的人际关系是必不可少的，课堂氛围是否能满足这一需求，利用头脑风暴列出一系列的满足这些需求的方法；
- 与同事一起讨论独白和对话的利与弊，可利用表3.4记录；

表3.4 对话与独白记录表

对话		独白	
优点	缺点	优点	缺点

- 在学生回答前，给学生留点思考的时间；
- 利用布鲁姆改进的理论，重申每一个等级水平；
- 阅读并讨论组块学习法，自己创建一个，试着用于教学；
- 利用同伴对话，提高学生间的交互关系，使讨论更加有效；
- 在读过同伴辅导教学后，谈论该概念及其给教师和学生带来的益处；
- 在读过交互式教学后，制订一个学习计划，开展交互式教学活动。

第四章　激发合作学习

小组合作学习是将学生分成一个个学习小组,让他们共同研究和讨论,并且互相帮助,分享所得的学习方式。20世纪80年代以来,超过600多项研究支持小组合作学习,认为这会提高学习效率。综合所有研究,小组合作学习对学生学业的影响值为0.73,比非小组合作高27%。布雷迪(Brady)和提赛(Tsay)通过研究发现,小组合作学习是一种应该积极倡导的方法,能够提高学生的学习成绩。

巴克利(Barkley)等人总结出:"将成百上千个研究分析后,发现合作学习比竞争性学习或单打独斗效果都好。合作学习更能促进学生学习,提高学生的逻辑思维能力,让学生产生更多新想法、新思路。"

为什么教师对小组合作有疑问

虽然研究表明,小组合作学习这一策略有着显而易见的优点,也有很多教师对小组合作学习持乐观的态度,但不久他们便发现在实践中不可行,之后便采用其他策略了。糟糕的是小组合作学习不被理解、不被好好利用。以下是教师对为何不采用该策略给出的几点理由:

- 学生注意力不集中；
- 浪费时间；
- 偏离任务；
- 分歧严重；
- 班里有很多懒惰的学生；
- 有很多专横的学生；
- 我直接告诉学生比让学生讨论更有效率；
- 怀疑学生离开教师的指导能否学好。

在教学实践中，以上提到的问题在小组合作中都有可能出现，但经过深思熟虑、精心安排的教学是可以避免以上问题的（见表4.1）。

表4.1 小组合作学习的问题和决议

问题	决议
我直接告诉他们会更快。我只有那么少的时间教授本课，小组合作学习会占用很多时间。	如果学生加深了对概念的理解，并扩展了知识，那么时间就是有效利用了。
他们在浪费时间，他们经常不讨论老师提出的问题，而是讨论其他的事情。	你需要告诉学生明确的目标和方向。 他们需要时间分配表。 给予他们适当的时间，让他们产生紧迫感，这样学生就不会分神了。
小组内某一个学生直接霸占话语权，其他学生只能听。	把任务分成一个个小部分，让每个学生都有自己要完成的任务。 为每个学生发放任务卡，在任务卡上写我做了什么，我学到了什么。 随机选择学生回答问题。
学生讨论，不同意见太多，容易破坏同学感情。	培养学生的社会技能，让他们知道怎样表达不同意见。 任命一个中间协调者。 教学生缓解冲突的技能，着重强调社会技能。

本章主要讨论学生通过小组合作学习有哪些收获，并给出将此策略成功地运用到课堂中的一些具体方法。

为什么大脑喜欢在小组合作中运转

我们的大脑喜欢在合作学习时运转，说明我们有社会互动的内在需求，小组合作学习会增加多巴胺的释放。

多巴胺是神经递质，影响人的注意力、记忆力、理解力及执行力。当我们处于积极体验时，如进行支持性合作学习，多巴胺的释放会增加，这有利于大脑记忆和学习区域神经元的连接。当开心玩耍、大笑、健身、知道胜利在望时，大脑会释放更多的多巴胺。另一种感觉良好的神经递质是催生素，当建立信任时，便会激活催生素。各个班级都有差异，因而学生间需要团队协作，培养彼此的信任感，促进发展。

世界的运转需要大家齐心合力，小组合作学习有利于提高学生的合作能力，让他们掌握学科精髓。在小组合作过程中，涉及词汇、概念以及高阶思维，学生根据上下文选择学术词汇。海蒂认为，若教师单纯地讲，学生只能机械地听，而小组合作学习能让学生有机会发言。

小组合作学习还有助于学生进行有意义的讨论，这样既能激发浅层学习，又能加深学生对知识的理解。小组合作学习能够让学生在复杂多变的环境中培养让自己成功的必备技能（见图4.1）。学习及创新技能有以下4种分类：

- 交流；
- 协作；

- 批判性思维和问题解决能力;
- 创造性和创新性。

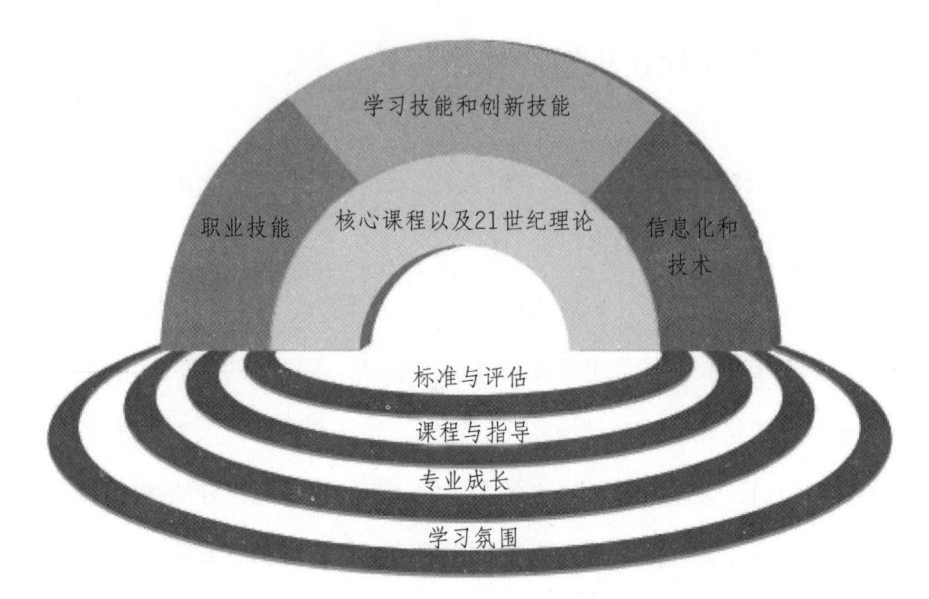

图4.1 21世纪学生学习成果和支持系统

在前面的章节里,我们已经知道大脑需要在相对安全的环境中,且有适量的刺激时,才会变得活跃。而小组合作学习能够满足以上几点,方式如下:

- 在小组合作中,学生有更多的时间交流,分享自己的看法、观点和学习领悟,通过小组合作能够发展学生的总结能力、辩论能力、解释能力、详细分析问题能力以及灵活举例的能力;
- 在小组合作学习中,学生可通过阐明、复习、反省等过程,提出建设性的反对意见,这有利于加强理解;
- 小组成员各抒己见,听完组员意见后,会有利于对比思维的培养;
- 小组合作成员较少,就会减轻学生的焦虑,减少尴尬感和害羞感;

- 小组的互动及讨论能激发灵感，我们先听取他人意见，然后积少成多，有一天能激发我们的灵感；

- 通过协作探究学习，给学生奠定了一个扎实的基础，让学生取得较大进步。

若很好地利用小组合作策略，学生在以下几个方面会有显著进步：

- 学习成绩更好；

- 专注能力提高；

- 社交能力及同感能力增强；

- 通过详细分析，对材料的记忆更深刻；

- 高阶思考及高超的逻辑能力增强；

- 获得更多的社会支持；

- 自尊心更强；

- 对待教师和同伴的态度会更好；

- 有更加积极健康的心理。

从点滴做起

我们知道，在很多课堂上老师在讲台上讲课时间占总上课时间的85%，年级越高，这个比例也越高。虽然这种策略在很多时候很有效，但是这种策略不该成为主流策略。我们希望学生能独立学习，能够自主地整理想法，运用知识和技能，培养其自我监测的能力及反思能力，还要培养学生独立制定学习目标的能力。研究表明，对话与社会互动能够提高学生的成绩，越多的时间用于搭档或小组合作，学生取得的进步就会越大。可以先采用搭档学习，这样会更容易给学生分组。而且只有两个人一组时，脱离任务的行为就会很少，会有更多的时间用于讨论沟通，学生的参与也相对较多，不仅如此，两个人之间的摩擦比多人一组要少很多。以一个班30个学生为例，一节课的时间，每个学生说话的时间不足30秒，但两人一组合作，学生便有更多的时间讨论交流、学习新知识和培养新技能。

小组合作或搭档学习的概念很简单，但实施起来并不容易。采用小组合作教学法，经常难以达到预期目标，这是因为方法使用、任务设置等与学生的能力水平有差距造成的。例如有些任务太过复杂，小组组员过多，学生的社会技能欠缺，导致收效甚微。若想增强对话交流及同伴互动，可利用搭档组合，而不是小组合作。若学生已经掌握各种社会技能，有合作能力，就没有必要再让他们与固定的小组成员合作，而应该随机地选择搭档，给学生创造与多个同伴合作的机会，促进同学间的了解，这也有利于班集体的建设。在有限的学习环境中，尽可能地锻炼学生的社会技能。

表4.2列举了班级结构的几种可能，每部分都列举了多条指导建议，便于教师根据课堂实际需求选择其中一种或多种教学方法。

对小组合作学习的解读有很多，到目前为止最好也是最成功的是约翰逊的方法。在分配小组任务和学生互动两方面，给予了具体的实施技巧，既能提高学生成绩，也能提高人际交往能力，人际交往能力是以后生活中影响成功的重要因素。这种方式也包括小组自评，有助于发展学生的元认知，接下来的部分主要是对如何利用约翰逊的方法以及其他建议成功地运用小组合作学习给出具体有建设性的意见。

表4.2 班级结构的几种可能

全部	单独	搭档	小组
定义			
全班教学。 所有学生做同样的事情。 一般是教师主导课堂。	学生单独完成任务。 可自由选择也可由教师直接分配。	学生两人一组。 教师设计。 学生选择。 任务驱动或兴趣驱动。 教师的选择。	学生自由组合或教师指定。 兴趣驱动或任务驱动。 异质合作小组。 同质合作小组。
每个小组的策略建议			
预评估。 建模技巧。 主讲嘉宾。 提供新的信息。 观看视频。 讲座。	预评估。 自我评价。 独立研究。 总结和记笔记。 反思。 记日记。 教科书作业。 网上研究。	头脑风暴。 信息处理。 检查学生理解。 同伴校对。 同伴评价。 相关的兴趣主题。 规划作业。 检查家庭作业。	小组任务。 学习中心。 建立共识。 小组合作学习任务。 解决问题。 小组调查。 旋转木马式头脑风暴。 涂鸦式头脑风暴。

分 组

小组合作学习的第一步是分组，看起来很容易，不就是把学生分成一个个小组吗？但是这不是简单地均分，有很多要考虑的因素，其中最重要的因素便是分组要按什么原则分。先给出3种常用的选择：（1）按学生能力分组；（2）异质群体分组；（3）随机分组。

按能力分组就是将学生能力水平相近的分为一组。按能力分组主要考虑的是学生在同一水平，能够步伐一致，容易产生共鸣等。下面我们一起来看一下约翰逊按能力分组时的方法，他首先发给学生任务卡，给出时间期限。交上任务卡后，再根据学生完成情况给出评价。在检查任务完成情况时，约翰逊发现有些学生对网络引擎的概念有相当好的理解。根据这些信息，他将学生分为3组：第一组是能力强的学生，给他们布置前沿的搜索任务；第二组是能力一般的学生，为他们布置难度适中的任务；第三组是能力较弱的学生，教师参与，帮助他们复习、巩固知识。

虽然按能力分组看起来有很多益处，但弊端也很大。按能力分组会限制知识和经验的交流。有些学生被分到能力一般或能力较弱的一组，他们的自我效能感就会降低，会感到心灰意冷。除此之外，按能力分类也是违背社会规律的，真实的世界是多样的，学生以后接触的人、一起工作的同事，也是能力各异，有不同的经历和不同的爱好，有自己擅长的部分与不擅长的地方，他们不可能只和自己水平相近的人接触。

卢（Lou）等人列出了按能力分组的弊端：

- 能力较弱组的学生通常会表现得越来越糟糕，原因是组内缺少榜样；
- 能力一般的组相对其他两组而言，收获还算是比较多的；
- 高水平的组，收获反而不多。

学生不是一成不变的，因此他们应该在不同的组间来回调换，并在需要时与异质组一同讨论。按能力分组只应该用于某一个特定微课堂，便于学生交流，达到共鸣。任何按能力分组的形式都不应该长期存在，更不应该给学生贴上标签，按能力分组绝不能成为教师分组的某一策略。海蒂的研究表明，按能力分组对学习的影响值很低，仅为0.12，它会抑制学生的学习。

另一种分组形式是异质分组，异质分组是根据学生的水平，有意识地调整，让组内水平参差不齐，更好地促进学生学习和相互帮助。再来回顾约翰逊的课堂，他从3类学生中各抽一个学生，即一位来自能力较弱的组，一位来自能力一般的组，另一位来自能力强的组，让这3位同学组成新的一组，让他们一同协作参加分队游戏挑战赛。

异质分组有很多优点，年龄不同、文化不同、性别不同、能力不同、擅长领域各异的学生组成一组，更符合现实世界的规律，而且这种多元化能扩展学生思维的广度，延伸学生思想的深度，提供不同的视角，更能彰显小组合作的力量。这样的组合促使他们一同学习，相互帮助，还可以提高他们的交际能力。

第三种分组形式是将学生自由分组，随机分配，这是不固定的一种分组方式。

不管用何种方式分组，组员都应该经常流动，不要一成不变。

影响小组合作成功的因素

关于小组合作学习，教师有时感到沮丧，他们表示，成功的小组合作并不是简单就能获得的，许多研究者努力找到发挥小组合作作用的因素，其中一些研究者还总结了一些因素。最明白清晰的当数约翰逊方法中的5种因素，分别是相互依赖、个人责任、小组自评、社交技能和面对面互动（详见表4.3）。在这些因素的指引下，可帮助教师更合理地设置学习任务，发挥小组每个成员的最大作用，使每个学生拥有相同的参与机会。

表4.3 小组合作学习成功的因素

因素	目的	启发
相互依赖	学生互相合作，相互依赖，共同成功。	分享资源，分配角色，设置目标，组内所有成员协作完成任务。
个人责任	学生必须承担起学习的责任，要时不时地展现能力。	3人或4人一组，既要协作又要了解自己的任务，一同进步的同时，也要注重自己的提升。
小组自评	反思自己为小组做出的贡献及合作过程中社交技能的运用。	布置检查单、日记、自我反馈及小组反馈作业。
社交技能	运用社交技能，提高小组效率。	教授社交技能，让学生知道如何运用这些社交技能。
面对面互动	面对面交流互动，通过对话提问，一同完成目标。	鼓励学生对话，了解付出和努力的正能量。

因素1 相互依赖

相互依赖对于协作完成任务来说十分关键，每个小组成员都应该有自己的主要角色，并根据任务合理分配各个角色。如可以让学生分别负责阅读、记录、检查、任务管理、整合资源、技术指导等。给学生分配任务，按学生能力及擅长领域分配角色可以促进任务进展，除此之外，还要营造利于学生思考交流的学习氛围，一些学习方法和策略，如组块法及支架式教学也可促进学生进步。还要注意的是，分配的资源不要过于全面，要让学生互相依赖。

因素2 个人责任

约翰逊和胡洛贝克（Holubec）将个人责任定义为用于测量每一个组内成员是否达到小组目标，评估组内每一个成员贡献的质量与数量，并将结果在组内公布。

在小组合作中,虽然大家一起学习,无论时间长短,最后都要对自己的学习负责。因而他们都应该完成自己作为组员该完成的任务,学会该学会的技能与知识。这并不是消极地学习,而是自我指导的协作学习。

检测个人有没有完成个人任务,要在小组合作之后单独检测,例如在学习结束后,可以做测试卷,可以让学生利用卡片记录自己学到的知识,还可以让某位同学说说小组合作后的收获。

因素3 社交技能

有时我们需要教会学生一些社交技能,这样可以提高小组讨论的效率,无论是年级高的学生还是年级低的学生都需要一定的社交技能。初中或高中教师也许认为他们根本没有时间教学生交际,但是如果他们不教,那么学生怎么能学会呢?很多人失业不是因为缺少技能和知识,而是因为他们不会和其他同事相处。我们作为教师应该为学生以后的生活奠定基础,而非只是教他们如何应付考试。我们都很明白,社交技能是他们成功的重要因素。

有些学生刚进学校时就已经知道分享、轮流发言及其他社交因素,但还有一部分人不知道,因而,明确具体地教授这些知识,培养学生的社交意识,是小组合作成功的关键。

以下是一些基本的社交技能,能够增加组内互动和提高互动质量。

- 积极倾听;
- 轮流发言;
- 使用鼓舞性的语言;

- 使用积极性语言，避免使用消极言语；

- 公平参与；

- 要有持久性；

- 寻求并提供帮助；

- 使用礼貌用语。

以下是小组合作的技能：

- 说话清晰；

- 按步骤进行；

- 听不清的地方，主动询问；

- 委婉地表达反对意见；

- 调解组内摩擦；

- 倾听组员的观点和想法；

- 鼓励别人。

上述技能，如积极倾听、礼貌用语等已经在前面的章节中讲过了。重要的是，教师要确保学生知道如何在小组合作中使用这些技能，如何与小组成员互动，这也是合作中应该学习的。教师可利用以下几点策略提高学生的社交技能和学习效率。

有时候因为缺少社交技能，从而导致小组讨论不下去，这时候就需要教师起作用了。通过教师分析情况，给出建议，让学生清楚自己缺少什么技能，找到解决纠纷的根源。

为了向学生明确地展示技能的重要性，可以角色互换，通过夸张的手法证明该技能的重要性。可以通过视频、故事告诉学生如何处理人际关系。

自我反思常用于思考拥有技巧后的感觉，这会唤起个人情感及与他人的共鸣。学生可将表格中所列内容转化为自己的语言，再采用头脑风暴法将其植根于脑海深处。一年级学生与八年级学生所说的内容会有所区别，表4.4是一个描写公平参与机会的图表，这个图表是学生在讨论公平参与的重要性时描绘的，对于年级较低的学生，标志可以用语言代替。

表4.4 平等参与的社交技能图表

看起来像	感觉像	听起来像
每个人都有机会； 每个人都有一定的工作； 每个人都可以分享观点、提出建议。	我们是一个团队； 我们共同达到目标； 每个人都自我感觉良好。	鼓励别人参与："轮到你了……""和大家一起分享自己的观点"。

组织者首先应该为学生分配好角色，便于学生转换角色时，解释并记录属于他的那部分信息。这些角色包括记录者、发言者、阐述者，通过该方法，小组内所有成员都参与这个过程。

学生可通过绘画展示其对社交技能的理解，也可采用角色互换适当地联系技能，或者写写自己或他人在现实生活中运用这一技能的实例。

选择的社交技能应该跟学生参与的任务相适应。如委婉地表达不同意见适用于放学后，在活动的过程中，有想法的学生最需要的是平等参与的机会。

学生合作学习时，若把提高社交技能和小组互动作为目标，就会提高学生的相应技能。其实小组自评并不需要太长时间，只要几分钟的时间，有意地评价小组合作取得的成绩，反省是否用到了社交技能，提出下次如何改进。小组成员可以用伸手指的方式来表示评价结果：5根手指意味着我们太棒了；4根手指意味着我们做得很好；3根手指意味着我们处于平均水平；两根手指意味着我们仍需努力。

因素4　面对面互动

小组合作学习是整合思想、论点，达成一致，然后总结，是建立在每个组内成员的想法上的。对话激发高阶思考，通过批判使原来的浅层学习向深层次思考转变，使沟通能力及合作能力得到提升。

小组合作学习的实施方法

小组合作对学习有显著的效果，约翰逊的策略表明了何种因素要配合小组合作学习才能发挥最大作用。下面介绍在课堂上贯彻小组合作学习的3种具体方法：拼图式合作学习、学术论争和小组调查法。

拼图式合作学习

拼图式合作学习是组织学生加工信息，让学生加深理解并进行对话的过程。拼图式合作学习能够加深学生对学习材料的理解。同伴互动过程，其实是复述知识的过程，着重强调的部分能够加深理解，并巩固知识。

拼图式合作学习倡导同伴互教互学，相互分享，相互交流，加深对学习材料的理解，与积极学习和社会学习一起用会相得益彰。对教师而言，更重要的是拼图式合作学习有具体明确的时间步骤，可根据这些步骤制订学习计划。以下是有可能用到的3种拼图式合作学习类型。

简单的拼图式合作学习

简单的拼图式合作学习结构（见图4.2）指的是小组的每个成员担任学习材料某一部分的"专家"，之后有义务为其他组员讲解这一部分，目标是让所有组员完全理解这部分的内容，具体操作如下：

• 4人一组，将学习材料分为4部分，每个组员负责一部分；

• 让学生阅读并学习自己负责的那一部分，并强调重、难点，学生可以将主要内容用图表列出，使之更加明确；

• 学生分别讲解自己负责的那一部分，讲解者要让组内全体人员理解自己讲解的那部分内容；

• 检测材料掌握情况，可通过作业、测试、演讲等方式检测。

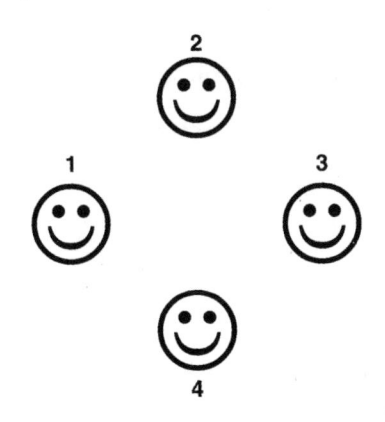

图4.2　简单拼图式合作学习

专业拼图式小组合作

专业拼图式小组合作是多重组合模式（见图4.3）。每个学生在其小组内都有特定的讲解部分，为了确保在跟小组其他人员讲解时不会出现错误，要先与其他小组负责该部分的同学交流、讨论，这样可以厘清思路，检查自己的理解是否正确、全面。这就保证了讲解人所讲内容的准确性与全面性，避免了讲解人将错误信息传递给小组内其他成员。互学互教能够加深学生的理解，帮助其复述，将新知识转为长时记忆。具体步骤如下：

• 选择一篇文章或某一部分，并将其分为几个部分；

- 组成基本组，每组有2~4个学生；

- 给学生分配任务；

- 给学生一些时间默读自己要讲解的部分，并强调主要思想，可以让先行组织者记录关键词；

- 将获得同一任务的不同组成员组成新的"专家组"，给他们时间阅读，检测他们的讲解是否准确、明了；

- 让他们重新回到开始的基本组，此时再让学生给组内成员讲解其负责的那一部分；

- 要求学生讨论阅读材料的寓意，总结主题；

- 通过全班的测验、报告或陈述来测评。

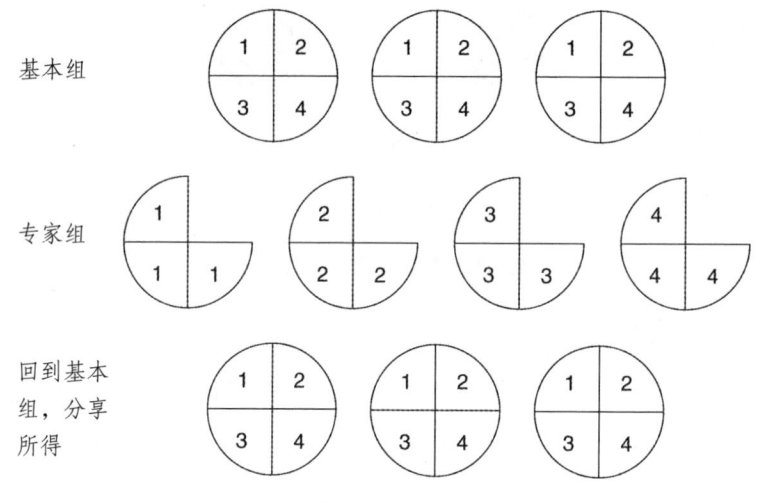

图4.3 专业拼图式小组合作

方块式拼图合作学习

在方块式拼图合作学习中（见图4.4），每个组分到整个学习材料的一部分，每个组一起研究材料，讨论如何向全班同学讲述。

图4.4　方块式拼图合作学习

学术论争

每个人的想法都有不同的地方，他们试图达成一致，这便是学术论争。学术论争植根于与学习有关的内容和合作学习过程中。一起完成任务和掌握知识难免会遇到组内成员意见、想法、结论不一致的情况，这便有了学术论争。

学术论争是利用知识分子间的矛盾来促进学术进步，提高问题解决质量，使心理健康，以及提高幸福感。在论争过程中，学生反驳对方观点，力证自己的观点正确，经过多次的辩论之后，小组达成一致。

和谐地解决问题的方式往往会减少学生讨论，以避免产生分歧，并快速地达成一致。在单独学习中，学生独自思考问题，单独完成自己为自己设定的学习目标，学习进步的幅度也是由自己设定。与和谐地解决问题和单独学习相比，学术论争能带来很多积极的影响。

很多的研究已经证实了学术论争的重要性，为了成功地开展学术论争课程，教师需要做好以下几点：

• 确定教学目标、小组规模、分组方式、教师安排、学习材料以及学生角色；

• 精心设计教学任务：教师解释任务，形成互相依赖、学术论争，明确个人责任、成功标准以及所期望的学生行为；

• 观察与干预：教师观察并提供援助，帮助学生处理有可能出现的冲突；

- 评估和自评：先总体评价学生的学习情况，再小组内自评，最后庆祝完成了任务。

学术论争的步骤

学术论争有循序渐进的步骤，学生需要按照以下步骤完成学术论争任务：

选择一个好论点

- 研究有关问题的资料；
- 组织概括一个有逻辑性的、令人信服的论点。

认真聆听双方论点

在一方表达论点时，另一方听，并记笔记，此时不做任何评论。例如：

- A同学表达的是其论点A；
- B同学表达的是其论点B。

公平辩论

学生就有关问题展开讨论，坚持自己的观点，找理由，找证据，反驳对方观点。

双方互换角色

为之前自己反驳的观点找论据。

整合并达成一致

正反双方相互合作，结合双方论点整合出一个最有效的论点。

准备报告

所有同学一起写报告，论证新论点。

学术论争过程中的记录表

在研究的过程中要记笔记，表格可参照表4.5的形式，在第一列写原资料的名称，第二列做笔记，第三列写评论。

表4.5 记笔记表

原资料	笔记	评论

达成一致：总结表

你的目标是提出双方都同意的解决方案，首先，记录双方的关键证据，用表4.6的中间方框进行头脑风暴，寻找解决方案。

表4.6 用于头脑风暴的表

一方立场	两个立场交叉重合的地方	另一方立场

小组调查法

小组调查法帮助学生计划、开展研究，该方法之所以复杂，是因为学生有多重学习任务，他们要求有更多的自主权，一共分6个阶段：

- 调查小组；
- 调查计划；
- 调查研究；
- 整理报告；
- 呈现报告；
- 评估。

第一阶段 调查小组

- 选定题目：选择多层面的题目，我用问题设置调查的范围，学生可通过浏览各种资料，激活原有知识，激发探究的欲望；

• 阐明题目：提出一系列的问题以便学生调查，也可以让全班同学一起进行头脑风暴，或小组间进行头脑风暴，写下每个人的问题，用滚雪球的方式将问题越滚越多；

• 问题分类，形成小标题；

• 形成调查小组：学生自主选择感兴趣的小标题，形成调查小组，教师可以观察学生分组情况，进行适当调整。

第二阶段　调查计划

• 明确任务：小组间互相研究小标题，确立一个可研究的问题，可以将焦点问题作为调查的框架（见表4.7）；

• 测定行动方案：小组确定调查的方向、写报告的最后期限以及需要的资料；

• 分配角色或让学生自己选择角色：角色可以是材料管理者、讨论协作者、记录者，还可以是进度监控者。

表4.7　日常调查计划表

日期： 小组： 计划： 行动：　　　　　　　　　　　　　　　　　姓名： 1. ＿＿＿＿＿＿＿＿＿＿＿＿＿＿＿＿　＿＿＿＿＿＿＿＿ 2. ＿＿＿＿＿＿＿＿＿＿＿＿＿＿＿＿　＿＿＿＿＿＿＿＿ 3. ＿＿＿＿＿＿＿＿＿＿＿＿＿＿＿＿　＿＿＿＿＿＿＿＿ 4. ＿＿＿＿＿＿＿＿＿＿＿＿＿＿＿＿　＿＿＿＿＿＿＿＿

第三阶段　调查研究

- 制订每天的计划：小组成员完成每天的调查研究分计划；

- 研究小标题：从各种各样的资源，如出版物、媒体、网络等收集数据；

- 分析数据：分析与问题相关的数据；

- 运用数据：小组成员分析数据，共同解决问题。

第四阶段　整理报告

- 选择报告呈现模式：选择的呈现模式最好大家都了解，也许几个小组同时选择了一种呈现模式；

- 整理报告：全体组员讨论写报告时每个组员的角色，并整理出一份报告；

- 完成报告：完成个人的任务。

第五阶段　呈现报告

- 呈现报告：根据计划，每个小组轮流呈现；

- 评价报告内容：倾听小组给出的反馈。

第六阶段　评估

学生通过对话形式表达自己的观点时，教师可掌握学生对概念的理解程度。除此之外，教师应该有能力了解学生的进度，并给予反馈和指导建议，适当提出一些探究问题，扩展学生思维。学生在调查结束后，能够自己设定成功的标准，并自测调查过程中的表现。调查内容是学生自己选择的，是自己感兴趣的部分，因此这种教学策略十分高效。

熟记于心的过程步骤及交流沟通是小组合作收到最佳效果的必要因素，精心设计的合作结构能让学生获得更大的成功，获得更深层次的学习，开发学生的创新性思维，也可以锻炼他们如下的一些能力：

- 运用知识的能力；
- 制定学习目标的能力；
- 利用策略和学习方法，加强长时记忆的能力；
- 批判性思维的概括及激活能力；
- 解决问题的能力；
- 创造能力；
- 为团队做贡献的能力。

总　结

考虑到小组合作对学生成就的影响，教师应将所有促进学生小组合作学习的因素都运用到课堂中，小组合作学习能够加强同学间的交流，开发学生的创造性思维，还能够提高学生的合作能力，教师可采用这一强有力的策略激活学生思维，激励学生思考。

讨论点

- 谈一谈在你的课堂上哪种小组分配运用得更多？为什么？
- 利用图4.1，讨论教师面临的问题及解决方案；
- 阅读约翰逊的5个因素，谈论这些因素是如何帮助学生集中注意力的，又是如何促进学生成功的；
- 谈论学生若想成功需要提高哪些社会技能，你如何教授学生这些技能？创建一个T形图或Y形图，帮助学生运用技能；

  • 设计一堂包括5种要素的合作课程；

  • 谈谈拼图式合作学习的几种类型，设计一堂包括其中一种类型的课，之后谈一谈效果和改进措施；

  • 运用小组调查方法，制订课程计划。

第五章　发挥目标与标准的强大作用

爱丽丝:"你能告诉我,我应该走哪条路吗?"

柴郡猫:"这取决于你想去哪里。"

爱丽丝:"我不在乎去哪里。"

柴郡猫:"你可以随便走一条路,因为对你来说没有什么区别。"

——刘易斯·卡罗尔(Lewis Carroll)

《爱丽丝梦游仙境》(Alice's Adventures in Wonderland)

大家对很多术语,如标准、目标、教学和行为目标、意向、发展有着类似或不同的理解,但最终都要落到学生应该知道什么,在知识技能方面该如何做的问题上,我们需要知道自己前进的目标。《爱丽丝梦游仙境》中柴郡猫的答案意思很明显,前进的方向取决于你去哪里,如果没有目标,你去哪里都无所谓。

分配任务时,一些学生或许会感到不知所措,很明显"你想朝哪个方向走"很重要。大卫·帕金斯(David Perkins)常说,我们接受的教育是让学生自己做,自己去联想、去总结。教师的角色应该像"领头羊",清楚前进的方向,指导学生学习,还要将知识点、想法及概念联系起来。

我开始从事教育工作时,并没有为学生设置目标,当时仅有一本灰色的小册子，里面有模糊的目录表，我作为教师该如何利用这本小册子呢，学生在本学期要学会什么，这些概念全是模糊不清的。幸运的是，和我教同一个年级的其他教师十分热心地向我传递了经验方法，我渐渐知道了应该如何教，如何促进学生学习。之后我成立了自己的专业学习社团，勇于创新，尽心尽力，再加上有经验的教师的指导，我的教学水平突飞猛进，教学方法也各式各样，至今我一直很感谢那些良师益友。海蒂的报告称，设置明确目标对学生学习的影响值为0.56，比平均点0.40高出0.16。马尔扎诺认为设定具体目标，对学生学习的影响值高达0.97。本单元验证了设置明确目标对激发学生学习的重要性，也包括一些教师合理设定目标的方法。

目标的力量：开发潜意识

在前面的章节，我们已经说过，神经科学家正在研究大脑是如何运转的，并提出了很多见解，他们说大脑是一个并行处理器，即大脑同时在意识水平和潜意识水平两种状态下运转，当你记不起某个人的名字时，一旦你想记起这个名字，就会激发潜意识回忆，全力搜索大脑中的记忆，直到想起为止。

普林斯顿神经科学研究所对人类志愿者进行大脑扫描，发现设定新目标发生在前额皮质，这充分表明神经递质多巴胺与发送信号有关。无论我们做什么，潜意识都会从事某项工作，而且潜意识可以被定向、被控制，教练们利用这种潜意识让运动员在比赛前想象胜利，那我们教师也可以用这种方式来刺激学生。

貌似想象真的有用，心理指导及心理图像能够影响大脑的运转。肌电图学向我们展示，想象一件事情发生时与这件事真正发生时，大脑的运转是一样的。科学家发现，之所以想象有如此效果，是因为大脑中的兴奋神经元在传递信息时，将想象场景与真实场景同时传递。

让学生想象一下他们成功时的感觉，然后他们便会在潜意识里留下印象，帮助学生朝着自己的目标前进。当大脑知道自己想要什么，目标也很清晰时，即便没有意识参与，最后也会朝着目标前进。

在学生集中精力向具体目标前进时，教师和学校应该对这些目标了然于胸。马尔扎诺定义了两种形式的目标，一种是知识目标，主要是关于知识内容的，如事实类、信息类的知识，例如学生能够了解第二次世界大战发生的原因。另一种是过程目标，主要与过程、技能有关，即学生在学习结束后，要获得的技能，例如学生将第二次世界大战中的战役按时间顺序记录。

目标主要着重于提高理解力，将浅层次学习向深层次学习转化。多元化的理解角度，能够让学生深层次地理解学习材料和学习内容，利于学生的长时记忆。学生首先要做的事情是能够回忆已学知识，这也是最基础的。理解需要分析或与其他的知识做对比，学生要想进行对比，首先要回忆脑海中与之相关的信息，之后才能进行对比。理解虽是高阶认知，但仍以知识为铺垫。

与目标相关的理解可以用如下方式陈述：

• 理解与历史案例相关的因素；

• 理解锻炼是如何影响健康的；

• 理解令人信服的语言是如何感染读者的；

- 理解如何利用搜索引擎进行搜索；
- 理解体内过多的钠元素对身体健康的影响。

对于教师的挑战是将笼统的课程指南转为清晰的学生可理解的学习目标，标准最好由教师们开会一同讨论。经过研究，教师更易将课程标准内化成自己的语言传达给学生，而且自己也对课程标准有了更深的理解。确定标准的过程中，加强了教师间的合作，有助于同事关系的融洽，也保证了全校教学目标的一致。

设置学习目标与学习进程并行

为学生设置学习目标时，需要时刻注意学习进程。学习进程是学习目标设定时需要考虑的因素之一。学习进程是指根据学生多样化的发展阶段，学生年龄或年级，确定学习目标，并把目标分为一个个的小目标，完成这些小目标，便完成了学习进程。

下面列举了学习进程是如何开展的，每一项标准是如何建立在以前的基础上的。年级越高，学生的进步越复杂。

- 幼儿园阶段：识别前封面、后封面以及了解本书的标题；
- 一年级：了解获得文中信息的多种文本特征，如标题、目录、词汇表、图标信息等；
- 二年级：了解和会使用多种文本特征，有效地获得文中主要信息，如黑体重点、副标题、词汇表、索引、图标信息等；
- 三年级：会利用文本特征和搜索引擎有效获得与题目相关的信息，如关键词、备注、超链接等；
- 四年级：能够描述整个事件、思想、概念、整篇文章或部分文章中的信息的结构，如原因与结果、问题与解决方案等；

• 五年级：能够对比事件、思想、概念，如因果关系、问题与解决方案等；

• 初中阶段：能够分析文章作者用何种结构组织整篇文章，其中包括主要部分如何构成整体，如何围绕主题展开；

• 高中低年级：分析文中概念之间的关系结构，包括主要术语之间的关系，例如作用力、摩擦力、反作用力、能量等；

• 高中高年级：分析文中信息和思想，将其进行分类，理解信息和思想的深层含义。

学习进程是设定基于实际且合理的目标的关键，合理、明确是指目标既不能简单，亦不能太难。赫里蒂奇（Heritage）、金姆（Kim）和温蒂林斯凯（Vendlinski）强调，关于目标的标准对教师很重要，通过这些标准，教师能够知道设定特殊学习目标会给学生带来什么样的影响。有助于教师更好地评估学生现有的知识与技能，清楚学生的现有水平，更有利于教师为新学期设定更为合理的目标，避免设置过高的目标，超出学生的能力范围或是低于学生水平，从而收不到应有的效果。只有设置合理的目标，学生才更愿意积极地参与课堂，学生的收获也是最大的。如果学生缺乏某方面的知识或技能，教师需要先帮学生补全这方面的知识，帮助学生练习技能，学生有了扎实的基础后，才更容易达到预期的目标。一所高中采用的措施是，开学初，进行一次摸底考试，看看学生的数学基础技能水平，然后利用开学的第一个月，让学生尽快掌握这些基本技能，帮助他们打好基础，从而达到让其尽快适应高中学习的目的。打好基础后，高一新生在接下来的高中生活中会更适应学校，调整好状态，准备刻苦学习。学习进程的另一个例子是由全国教师理事会总结、设计的标准。这些标准概括了每个年级学生应该掌握的数学核心思想，这些数学核心思想有助于加快学生的学习进程。以代数为例，介绍几个年级的前期目标。

• 三年级：利用加法和乘法的性质进行运算，并基于这些性质解决复杂乘法及除法的问题，掌握运算法则；

• 四年级：识别、描述和延伸数学模型，包括所有非数值增加模型；

• 五年级：利用数学模型、模板及数量关系书写并解决简单的方程式和不等式；

• 六年级：能够利用数学意识、运算性质及方程式两边数量守衡解决简单的一元方程；

• 七年级：明白根据数量守衡得到新方程，新方程的算法也可以适用于原方程。

教师可以此为标准，检查学生的学习情况，摸清学生的原有水平，对症下药，帮助学生打好基础。六年级的教师根据以上信息能够知道本学期要使学生达到利用运算性质解决简单的一元方程，因而会着重加深学生对一些基本概念的理解，如乘除法运算以及加减法运算等。有些学生需要回顾以前的知识，才能更好地进行六年级的学习。而有些学生在已经达到了六年级的目标后，教师可试着让学生接触初中将要学习的内容，如二元方程的概念等。

设定这些目标本来是提高学生学习效率的，但为了使整个班级保持一致，就忽略初衷，并不涉及下一年级的内容，这就抑制了优秀学生的发展，让他们白白浪费了很多宝贵时间。记得我上学时，每一年的学习被分成了3个小单元。一年级是1~3单元，二年级是4~6单元，以此类推。学生可根据自身情况设置自己的进度。那些优秀学生，经过3年的学习，会比普通学生多学一学年的课程，而且还不会漏掉任何知识。但这同样会带来一些影响，例如，我上高中时，比其他同学年龄要小一些，因此我被区别对待，不能跟其他同学一样独立与自由，但是没有任何研究显示跳级生缺乏社交能力和情绪控制能力。

跳级是为天才学生准备的，这样可以避免天才学生将时间浪费在不适合自己的班级里。我们为天才学生开通绿色通道，让他们根据自身情况选择合适的进度时，不仅提高了他们的时间效率，而且使他们取得了很大的进步。库里克（Kulik）发现，跳级生对学业有着更为远大的志向，不仅如此，他们还积极参与课外活动。通常学校会为学习能力强的学生提供各种促进学习的活动，教师的能力与经验也会给学生带来很大的影响，经验丰富的教师比经验不足的教师给这些学生的影响更大。

下面是教师为加快学生学习进程提出的几个问题：

- 你希望看到学生有什么样的思考方式？
- 在你讲解之前，困惑不解的学生对该课题的基本理解是什么？
- 该课题对于学生的最大挑战是什么？
- 从最初思考到理想思考，学生遇到的最典型的障碍是什么？
- 为更加了解学生的思维情况和学习情况，你会用什么评估策略？

学习进程是教学的基础，因为学习进程决定了围绕教学内容而开展的教学任务的先后顺序。有时，我们教师对技能太熟练，从而不用刻意记住每一步，这有助于教师把技能分解成一个个任务，再加以分析，找到教学的突破口。在分析的过程中，教师会更加明白其中的原理。向学生传授时，也会更加清晰明了，让学生明白掌握该技能的要领。加利福尼亚大学伯克利校区给出了一些为混合班级的学生设置学习目标的建议。

设置每日学习目标

每日学习目标相对较小，它通常是指学生可在一天内便可达到的目标，也指完成一个任务，最多不超过一个单元的目标。但每日学习目标不仅对教师重要，对学生也很重要。每日学习目标可帮助学生了解什么是要达到的要求，也了解如何使自己达到目标。如果学习目标是具体的、可预见的、可达到的，那学生完成目标的概率就大大增加。下面将为大家介绍几种教师设置每日学习目标的方法，完成每日学习目标对学生的学习有重大促进作用。

清晰易懂

设置有效学习目标的关键在于清晰易懂，教师也许很清楚目标是什么，可是学生清楚吗？学生越清楚目标，完成该目标的动力就越大，参与度也越高。根据海蒂教授的研究，有3个主要问题，如下：

- 我朝着什么方向前进？目标和成功标准。
- 我怎样前进？来自自己、同伴及教师的反馈信息。
- 我下一步该如何做？有什么进展、下一步计划等。

可以通过很多途径与学生交流想法，交流每日目标，如电子公告栏、讲义、资料、黑板等。教师可将目标放于网络上，让学生利用课下时间查看。教师还可以口头陈述目标，留出一定的时间让学生用自己的语言记下目标，保证目标清晰易懂。学习目标图展示了3个方面，即"今天我们要

做到""今天我要做到""现在我在做",简单举个例子:

- 今天我们要做到:解决一元变量问题,包括数轴关系问题;
- 今天我要做到:学会使用数学符号">""<""=";
- 现在我在做:将已学关于变量的知识和数轴联系起来。

图5.1可以帮助学生厘清思路,找到目标。图5.2用于设置一周的学习目标。其他分享目标的方法是利用一张海报,写下每周或每日的学习目标。有些教师将目标写在纸上,只写当天的目标和重点。还有些教师在网站及博客上分享了张贴目标的多种方法,可以直接搜索关键词"在教室里张贴目标",便可搜到很多教师分享的信息。

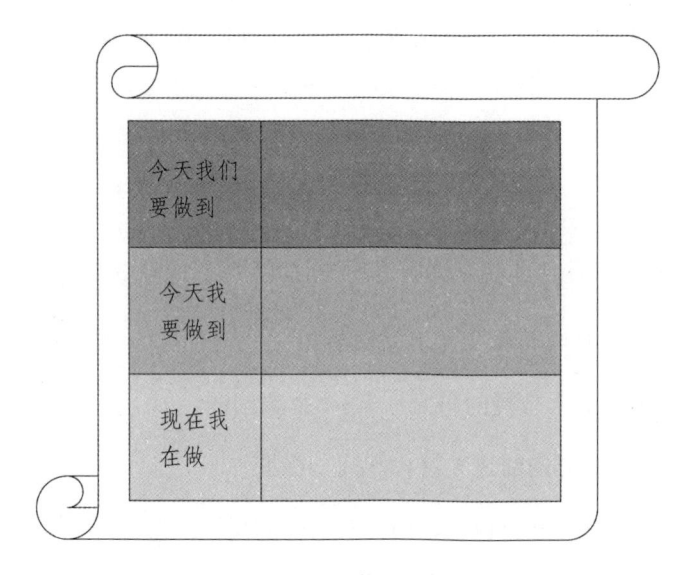

图5.1 每日学习目标图

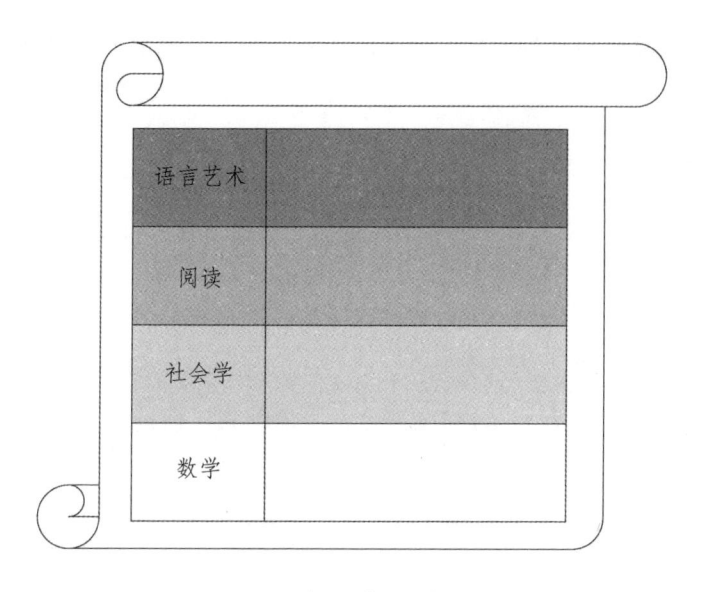

图5.2 每周学习目标图

特异性

设置目标的另一个关键因素是特异性，举个例子，在绘画中，将学习目标设置为有效利用颜色来表达心情。学生会怎样理解这一目标呢？是只能用一种颜色表达，还是想用多少种就用多少种呢？此时教师需要设定更为具体的目标，这样才能使学生更容易理解，也更有完成目标的动力。在刚才提到的有效利用颜色表达心情的目标中，教师可利用以下方式使目标具体化。

- 当有人看到这种颜色，会给他们一种感觉，这样他们就会懂，我用这种颜色可以让他们感到_____；
- 这种颜色出现在图片的4个区域，主要是为了渲染_____的情绪；
- 我选用该颜色主要是为了营造_____的氛围；
- 我选用_____色，因为我想让大家感到_____。

目标具体化也变为向学生传达成功的标准，下面举一个社会学课堂的例子。

例子背景：世界历史进行到美国第一批登上大西洋海岸的探险家这一单元，学习期望是写关于每一位探险家的游历年代及取得的成就的一篇论文。

学习目标：学生能够完成一篇详细的历史论文。

成功标准：研究分析探索大西洋海岸的探险家，写一篇历史论文。论文中需含介绍、内容和结论3个部分，写清何人、何地、何时、何事以及原因，并阐述其探险的主要贡献。

评估准则

帮助学生达到目标，获得成功的另一个重要技巧是创造评估准则。精选可以反映整体目标属性的标准，可以为每个阶段的学生描述要达到的目标，设定评估准则，学生便可以利用这些标准反思自己的学习情况，了解自己处于哪个环节，什么水平，并明白自己想要提高需要朝着哪个方向努力。这些会帮助学生将精力放在细节和质量上，更好地完成任务，并促进学生学习，加快他们成长的步伐。

在任务开始阶段，一同讨论完成任务所需的几方面的要求和标准，确保学生清楚评估准则和成功标准。"一些""几个""差不多""很棒"这样模糊的语言对学生的帮助并不是很大，因为学生对这些词的程度有着自己的理解，因而精确、清楚地表述十分重要。学生可以利用评估准则进行自我监测，并设置自己的学习目标，关于学习任务的质量及下一步的问题可与同伴协作或商量。

如果时间允许，可以通过学生讨论、筛选，最终形成学生理解且明白的评估准则。在运用准则的过程中，可根据实际情况做出调整，消除学生产生的困惑。表5.1是关于演讲原则的例子。

表5.1 演讲的原则

目标：
在设计和练习的过程中，进行同伴反馈和自我测评；
利用评估和等级评定设备；
开始前明确学习目标。

标准	指标			
	1	2	3	4
独创性	只呈现事实。	有一定的创造性，但大多数还是呈现事实。	呈现的是独特而且具有创新性的思想。	激发灵感的、振奋人心的创新。
组织	需要澄清信息。	题目清晰完整。	焦点问题吸引人。	题目激动人心、明确易懂。
一致性	需要把思想联结起来，需要表达流畅。	大多数的思想是联结在一起的，但是偶尔会停顿。	从一个想法到另一个想法来回转换，联结得很好。	极具逻辑性和目的性。
声音	用词单调、缺少感情色彩。	加入一些感情色彩，能够控制音量。	音量适中、感情色彩刚好，语气多变。	说话清晰、音量多变，表达有创意。
眼神交流	大多数情况下眼睛盯着演讲稿。	偶尔看向听众。	熟悉地演讲，眼神交流时自信。	利用眼神交流帮助听众集中精力。
视觉教具				

灵活性

灵活性是设置目标的第二个关键因素，目标设置需要灵活性的原因有很多，如虽然在同一个班级，但学生的能力水平有差异，学生的学习进度也不一致，有时某些学生可能被某一个难题或知识点困住，而其他学生却觉得很简单，不用再学。

克拉克（Clarke）、廷珀利（Timperley）和海蒂列举了几种教师在目标设置时，提高灵活度的方法：

• 因为学生起始水平不同，学习快慢不一致，因而可以根据学生自身实际情况适当地调整学习任务，任务的差异性能更好地激发学生的积极性，提高学生的学习动机；

• 时刻记住，学习过程不是线性的，也不是具体的，而是递归循环的，是需要调整的；

• 要明白一个活动可能有利于学生完成多个学习目标，而且完成一个学习活动也许需要多个任务一同协作；

• 学会感激在奔着既定目标前行过程中发现的需要学习的知识，除了目标知识与技能外，学生还需反思他们学到了什么其他知识；

• 按照学习目标前进，让学生知道有付出就有收获，学生可以将自己的进步记录到笔记本上。

个性化

众所周知，学生各异，一种方法或策略不可能适用于所有的学生。讲解灵活性的部分也提到了如何针对学生差异，设置合理的学习目标。学生的差异远远不只学习快慢不一致的情况，考虑到学生的差异性，设置针对个人的目标之前，教师必须先了解自己的学生，了解他们的预备状态、兴趣及爱好等情况。因而教师需要想方设法地收集学生的信息，然后利用这些信息辅助教学。收集学生信息，了解学生情况的方法在第一章已介绍过，在此不再重新介绍，但是要记住，不要给学生乱贴标签。

设置个人化目标的另一个重要方面是让学生及家长参与目标设置，我们前面已经强调过让学生用自己的语言复述目标有多么重要。复述目标的过程，会让学生觉得自己在积极地参与，从心里接受目标，向目标前行。理想的状态是父母也应该参与学生的学习过程。以下几个问题是父母及教师需要考虑的：

- 学生目前的水平如何？
- 多大强度的挑战是适合学生的？
- 学生需要什么样的支持？
- 如何监测学生的进步情况？

通过反问自己这几个问题，教师在设置学习任务时会考虑学生的自身情况，学生通过教师设置的任务目标，从中学习，练习并掌握技能。学生及家长需要明白，目标并不仅仅是简单快速地完成任务。海蒂强调很多学生看待目标的态度就只是按时完成任务，越快越好，其实快速完成任务并不能保证学生深刻地理解目标要求，也无法让学生准确地设置个人目标。

顶级目标：涌流

涌流这个术语最早是由心理学家米哈里·契克森米哈赖（Mihaly Csikszentmihalyi）提出的，最早见于其著作《涌流：心理学的最佳体验》（*Flow:The Psychology of Optimal Experience*），涌流是指学习者全身心地投入任务，而且心情舒畅，以至于不会想到时间的流逝。沉浸在自己感兴趣且难度适当的任务中，就会激发内在的学习动机。内在学习动机以及学习过程中的愉悦感，会使大脑不断地运转，更易克服困难，能更好地完成任务。

实践证明，我们喜欢做的事情，往往能做得更好。涌流有以下6种表现：

- 精力集中，聚精会神；
- 想到做到，说做就做；
- 沉浸其中，忘掉时间；
- 自控力与自主意识强烈；
- 自我意识消失；
- 集中心思，不在乎得与失。

若想达到涌流状态，需满足以下3个条件：

- 需要设置明确的目标和学习进程；
- 具有明确的期望，及时给出反馈，有助于及时调整策略；
- 学生必须自信，相信任务是可以完成的（发展型思维模式）。虽然任务难度有可能会高出现有水平，但是要相信通过努力是可以克服困难的。

最近发展区

涌流不仅仅有助于目前的学习，还会给学习者带来积极的学习体验，也许会伴其一生，使他们成为终身学习者，那么我们要怎样才能达到涌流状态呢？教师可以在教学过程中采用几种非常有用的策略，如最近发展区、皮亚杰的认知发展阶段理论、强大的学习支持以及概念理解。

谢弗提出的获得涌流的条件之一便是学习任务一定是可完成的、可行的，这不是说任务要简单容易。最佳的学习状态是为学生提供带有难度的内容，调动学生的积极性，发挥其潜能，让其超越最近发展区从而达到下一个发展阶段的水平，然后在此基础上进行下一个发展区的发展。因而任务的设置十分重要，太过简单，学生不感兴趣，会觉得枯燥乏味，太难又会打击他们的自信心。

20世纪初期，苏联心理专家维果斯基将这种理想的任务难度称为最近发展区。在维果茨基看来，给学生布置的任务难度若刚刚超出学生现有水平一点点，学生便会获得学习的积极体验，有助于他们成为独立的学习者。

在任务难度与学生现有水平之间有一个平衡点，这个平衡点十分重要。这就是为什么个人化如此重要，任务难度也要根据学生现有水平进行适当的调整。为了更好地设定任务难度，教师应该对学生的已有知识及技能进行评估。如果任务远远超出了他们的水平或任务毫无挑战性，就不能很好地激活大脑，激发学习，任务会在难度刚刚好的时候发挥其最大功效。

伍德（Wood）和洛克（lock）引用海蒂的原话，具有挑战性的目标与无挑战性的目标相比，收获会高出25%。这也并不是说目标越高越好，遥不可及的目标只会让学生感到沮丧和失望。如果真遇到这种情况，学生需要重新调整目标，使之更符合自己的真实水平，当期望值刚刚高出能力水平一点点时，学生的行动会变得更有动力。

安德鲁·马丁（Andrew Martin）建议设置有价值的目标的一种方法是挑战个人最好成绩，挑战个人最好成绩能增强学生学习的愉快感，增加学生参与任务的积极性，并提高学生的毅力。挑战个人最好成绩着重让学习者挑战过去的自己，挑战上一次个人的最好成绩，努力刷新成绩，因而能够增强学生的学习动机，促进学生学习。

海蒂的表述：事实上，有效率的教师会合理地设置挑战目标，为学生厘清思路，便于学生了解如何入手。如果教师能够鼓励学生分享目标，并在学习的过程中给予反馈，给出指导建议，学生会更易完成这些目标。

创新教育模式：让课堂"活"起来

皮亚杰（Piaget）的认知发展阶段理论

维果斯基的最近发展区理论是建立在皮亚杰的认知发展阶段理论的基础上的。皮亚杰是瑞士发展心理学家，他开发了儿童发展模型。皮亚杰把儿童发展分为4个阶段，具体如下：

第一阶段是感知运动阶段（0~2岁）。婴儿靠个体感觉与动作认知世界，处于这一阶段的婴儿学会的最重要的概念之一是获得客体永久性，即当某一客体从婴儿视野中消失，他们仍然相信该物体持续存在的意识。

第二阶段是前运算阶段（2~7岁），在这个阶段，个体开始运用简单的语言符号进行思考，具有表象思维能力，但缺乏可逆性。

第三阶段是具体运算阶段（7~11岁）。该阶段的孩子出现了逻辑思维和零散的运算，但一般只能对具体事物或形象运算。

第四阶段是形式运算阶段（12岁至成年）。处于该阶段的学生能在大脑中把形式和内容分开，使思维超出所感知的具体事物或形象，进行抽象的逻辑思维和命题运算。

皮亚杰划分了4个发展阶段，能让教师对学生的思维有新的认识与理解，有助于教师给出正确的反馈。海蒂研究发现，皮亚杰的4个发展阶段理论对教师的影响很大，教师选择学习材料，布置学习任务，给出反馈信息都要考虑学生的发展水平，还要考虑问题及任务的难度，选择最适合学生所处年龄段思维的学习任务和学习活动。

支　持

通过之前几个章节的学习，我们知道社会支持对学生很重要。教师若能激发学生的内在动机，便会增强学生的自主意识，提高学生的问题解决能力。应该鼓励学习者做出有利于扩展学习的选择。教师也应该为学生的努力付出以及进步做出反馈，不仅仅是针对其学习或智力情况做出反馈，还要在学习过程中给予精神支持。支持是必不可少的，即使在有人力及资源支持的条件下，若挑战任务难度过高，效果也不会很好。但是支持能够让学生保持前行，没有支持，学生会变得焦虑，焦虑会引起沮丧，甚至带来更糟的后果。及时给出有建设性意义的反馈信息是学生进步的关键，也是学生持续奔向目标的动力。

维果斯基也曾意识到支持对学生的意义，他提出的社会发展理论有3个组成部分，其中一个是社会互动在学生学习及认知发展中起着十分关键的作用。班级内的互动给学生带来的益处，我们在第一章和第三章中已讨论过。多样化的社会互动能够加深学生对学习材料的理解，在一个不用担心被惩罚、被嘲笑、被威胁的环境中，能够激活前额皮质，进行深层思考。与知识丰富的同伴、教师、家庭互动与合作，能提高学生冒险的魄力，并加强学生与社会的联系。

尽管社会支持很重要，学生的学业支持也很重要。一提到学业支持，经常指的是支架式教学。《教育改革词汇》（*Glossary of Educational Reform*）将支架式教学定义为一种多元化教学策略，用于加强学生的理解能力，提高学生的自主学习能力，为终身学习奠定基础。支架是一种形象的比喻，借助建筑行业中使用的脚手架作为对该概念的形象化比喻，实质上是通过脚手架的支撑作用，不停地把学生的智力从一个水平提升到更高的水平，真正做到使教学走在发展的前面。如果要求学生完成具有挑战性的目标，支架式帮助就必不可少。完成超出自己能力水平的任务，学生需要一些帮助和鼓励，这些都能使他们保持激情，坚持完成任务。接受个别化教育的学生一般在学习知识技能时需要支架式辅助，这种额外的帮助应该是暂时性的，并渐渐放开，直到学生可以自主学习。正如维果斯基写的："学生今天能在协作中完成任务，明天就有可能独立完成任务。"

支架式教学内隐在很多我们已经讨论过的技巧中，例如，翻转课堂和清晰地表达目标。下面介绍一些支架式教学的常用策略：

- 张贴一系列的指导建议，给出循序渐进的指导；
- 提供视觉提示或图形组织；
- 与知识丰富的学生一同协作完成；
- 表达时，利用图标或标记，便于学生理解；
- 给予技术支持；
- 将知识上传至网络或博客，便于学生根据自己的进度复习；
- 为学生调整阅读及学习材料的难度；
- 监测学生学习过程并及时给予反馈；
- 帮助学生计划、监测其进度，以确保按时完成任务。

概念理解

海蒂在其著作《可见学习》（*Visible Learning*）中称学习成功包括5个组成部分，即挑战、付出、自信、挑战高期望及概念理解。其中一些组成部分，我们前面已经讨论过，挑战更像最近发展区，付出体现的是毅力，自信是拥有发展型思维模式，挑战高期望是其他人对自己潜力的评估，这些都对激发学生学习十分重要。但今天我们着重强调最后一个组成因素：概念理解。只有与学生同时掌握浅层理解和深层次理解后，才能谈论概念理解。浅层理解是理解一种思想或多种想法；而深层次理解是指能够延伸思想，并将一种想法与另一种想法联系。接受阶梯指的是观察学习结果的结构。梭罗（Solo）将学生对目标题目的理解分成了5个阶段，循序渐进，这与布鲁姆的目标分类法类似，布鲁姆目标分类法也是层层递进的。表5.2展示了梭罗的5个阶段，包括阶段、描述、动词及例子。

表5.2 梭罗分类理论，以罗密欧与朱丽叶单元的学习为例

	阶段	描述	动词	例子
	前结构阶段：我不确定……	很多未建立连接的信息。		
	单一结构阶段：我有一个想法。	信息有一定的连接，但连接程度有限。	定义、解释、识别。	谁写了《罗密欧与朱丽叶》？
	多结构阶段：我有很多想法。	知识间有很多连接，但尚未形成元认知。	定义、解释、识别、列表、结合。	定义剧本中出现的两个主题。
	建立关系阶段：我有一些想法，我能把一些想法建立联系。	建立部分与整体的关系。	对比、比较、解释、结果、分类、联系、分析、应用、部分到整体、创造、质疑。	将剧本主题与现有社会的问题联系起来。
	抽象化阶段：我有一些想法，我能将这些想法整合到更大的想法中，我能多角度地看待问题，并采用新视角看问题。	建立的联系高于概括和迁移原理。	评估、概括、预测、创造、想象、假设、反思、推理。	剧作家想要传递什么信息。

因为每一个步骤都会加深理解，因此既需要浅层次学习，又需要深层次学习，这样才能让学生理解概念。浅层次学习主要是初步理解概念及初步获得技能。深层次学习是指能利用所理解内容和获得技能解决问

题，完成学习任务。教师可借鉴表5.3中的框架，通过调整使其更适合所教学科。

表5.3 浅层次学习和深层次学习框架

		浅层次学习	
		单一结构。	
		多重结构。	
		深层次学习	
		关系网（两个或两个以上的理论、想法联系起来）。	
		扩展（延伸理念）。	

探寻系统的第三阶段是有意识学习，从初始阶段向高阶思维递进。学生参与课堂解决问题运用的都是在第二阶段获得的浅层知识基础上，再加深理解，有能力筛选，并将知识与技能运用于现实生活中。

概念理解对涌流很重要，因为概念理解涉及很多不同的水平。没有人喜欢每天学习枯燥无味的知识，学生也不会从干巴巴的知识中获益。概念理解综合了所有类型的理解，激活学生多方面的智力参与学习。参与、投入是涌流的关键，而且涌流就是我们的终极目标。

总　结

学习目标及学习标准清晰的表述是激发学生学习的重要条件，因为清晰，所以学生能够看到成功的曙光，并且潜意识还会参与。一些策略，如支架式教学和阶梯法都能促进学生集中精力，加快涌流的出现。

讨论点

• 阅读并讨论设置目标和了解成功标准的功能。你是如何与学生分享交流目标的？

• 进行网上搜索，找出不同的、新颖的呈现目标的方式。

• 教师和学生之间呈现目标的方式有何不同？写一写教师呈现给学生的目标，然后再写一写用学生的口吻呈现这些目标。

• 讨论涌流的概念，谈一谈自己学习中或生活中出现涌流的情况。

• 阅读并讨论最近发展区，最近发展区是什么水平之间的差距区域，谈一谈你可能会怎样根据学生不同的水平调整自己的学习任务。

• 在网上搜索评价原则。与同事一起为下一个任务或作业创建一个评价原则。

• 在追求概念理解的过程中，为新单元的学习创建浅层次学习和深层次学习提示。

第六章 发挥评价的作用

若忽视学生的学习和发展需求，学生在任何学科领域都不会取得成功，包括数学学科和科学学科，视导与课程发展学会支持设置具有挑战性的目标，建立能照顾到全体学生的问责制，倡导形成更加完善的评价机制，培养身心健康、知识渊博、动机明确、积极参与的学生。

——视导与课程发展学会

我们现在正在接受考验，被罗伯特·沃特曼（Robert Waterman）戏称为滴漏综合征，即我们有大量的数据，但拥有的信息却很少。我们擅长收集数据，却无法从中提取有价值的信息。

糟糕的是这种滴漏综合征已经蔓延到学校，如今教师通过测评工具评价学生的学习，但是大多数的评价方法仅是片面地看学生的分数与等级。学校主要负责调查全校的评估数据，而教师必须收集班级数据。记录每个学生的成败是一项十分单调乏味的工作，而且收集完数据，工作并没有结束，只有当数据被筛选、分析之后，找出这些数据所反映的情况才能使这些数据变得有意义。

收集数据不仅仅是收集学生的分数和等级，有价值、有意义的数据应该包括所有可以反映学生成功、需求、进步或缺点的信息。斯蒂金斯

（Stiggins）称所有的分析都需要"三角测量"，即至少看3条信息，确保结论更加准确，规避误会或错误的假定。很明显，只有标准化测试成绩并不能说明一切。除了测试成绩及打印资料信息，我们需要了解学生怎样思考，用什么方法有效，用什么方法无效，并根据学生的实际情况，选择相应的策略和学习任务。

那么，教师怎样"三角测量"学生呢？在日常教学中，教师怎样做才能准确评估学生的进步，了解他们的需求呢？本章主要调查丰富评估信息的一些必要因素，讲述这些因素是如何促进学生进步和激发学生学习的。

评估的基本要素

有效地评估首先要包括几种基本要素：激励性、学生参与、总结性评价和形成性评价。

激励性

成功评估的第一要素是永远记住评估的目的是激励学生。评估结果不应该让学生感到没有希望，更不能不管他们，让他们产生焦虑，我们也不能采取棍棒式教育。评估应该帮助学生看清自己取得的成绩，培养自信心，给予他们希望，让他们看到胜利的曙光，激励他们更加努力地学习。时刻记住评估的目的在于激励而非惩罚，通过评估应该促进学生成功，并让他们一直保持成功。如果我们不能持续检查学生的理解程度，我们很难让他们一直处于顶端。一连串的失败势必会让学生产生挫败感和无望感。

评价等级和考试成绩并不能激励学生学习，只能按等级和成绩给学生排个名次，不能提供任何对促进学生进步有意义的信息。但是多元化、积极正面的评估能够成为学生综合能力发展的基石，通过让学生明白他们的需求及进步情况，知道自己处于哪个学习阶段，并给予一些建议，让他们完成该阶段的学习并进入下一阶段。这样的评估会给学生更多希望，而有希望又会让学生积极参与，意志坚定。

学生参与

我们的培养目标是将学生培养成敏锐、有思想、独立自主的人，但在培养过程中，我们却要求他们整齐划一，按部就班。我们欣赏的是温和顺从的学生，而不是独立、有想法的学生，表扬的是按我们所讲的那样回答问题的学生，而不是那些质疑我们所讲知识的学生。

若我们不给学生留出空间让他们自己去成长、去反思，我们就不可能培养出能自我评估的学生。让学生提前了解如何有质量地完成任务，知道成功标准和评价准则，有助于学生清楚地知道学习目标，明确教师对他们的期望。一旦清楚了这些，学生便拥有了相对的自主权，也会对自己能够完成目标更有信心。无论是学习还是评估，都应该以学生为本，教师只起主导作用。这便是师生合作，共同成功。我们不要让学生简单地被评估，我们要让他们变得有能力自评。能够自我评估的学生，首先要明确学习目标，能够回顾，将自己的进度与目标对比，找准目前自己的定位，能够发现问题出在哪里，知道怎样和教师沟通。当然，教师应该有能力对比目标，了解学生的水平，必要时给予帮助。教给学生如何自我评估，会让学生感到自由，并积极参与学习，因为学会了自我评估，学生有一种自主意识，极大地激发了学生的学习动机。

这与桑代克（Thorndike）的学习规律，尤其是"准备律"有异曲同工之处，两者都强调学习动机是必不可少的，因为有了学习动机，学生才会为学习做准备，包括身体、心理、情绪方面的准备。隐含在"准备律"中的是反馈、重复和练习。任何新知识、新技能都需要具体的反馈信息，还需要经过多样化练习提高掌握能力。在积极和谐的学习氛围中，知识便得到巩固。让学生自己参与评估，也提出了反思和练习的机会，并且当他们能够自我指导、自我评价时，也会有积极的体验，便于提高能力。

总结性评价和形成性评价

评价分为两种类型：总结性评价和形成性评价。总结性评价是学习完一个单元，对学生学习结果的评价。而形成性评价的主要目的是评估给定的学习任务完成情况，它的目的不是为了对学习者进行分等级或鉴定，而是帮助学生和教师把注意力集中在进一步提高学习成绩上，强调评估学生的学习过程。总结性评价是回顾学生进展情况，帮助教师了解学生的掌握情况，必要时，再复习知识，巩固薄弱环节，为下一个单元的学习做准备。形成性评价会帮助学生了解自己的优点与缺点，并为以后的学习设置目标。形成性评价还能帮助教师了解学生的学习情况，及时调整学习策略，了解学生吃力的地方，便于及时辅助。总结性评价通常会对学生考试情况定级，如标准化测试、期末论文等。形成性评价不是将学生划分等级，主要是通过诊断教育方案或计划，发现教育过程中存在的问题，为正在进行的教育活动提供反馈信息，以提高实践中正在进行的教育活动质量的评价形式。总结性评价和形成性评价相辅相成，前者是对学习结果的评价，后者是对学习过程的评价。有时，两者可采用同种方法作为辅助评价的方式，如考试，但两者的目的不同。

在学校，总结性评价的运用较为完善，而形成性评价没有总结性评价运用得多。形成性评价作用很大，通过分析研究过去40年的4000多个研究成果，总结出的5篇综述显示：如果形成性评价运用得好，学生的学习成绩就能提高一倍。海蒂通过元分析得出形成性评价对学生的影响值为0.90，排在第四位，而且在一个学年里能比平常多获得近两年的知识。教师、学生和同伴的反馈信息对学生学习的影响值为0.73。另外对100多个研究进行分析，得出形成性评价比总结性评价对学生有更为积极的影响，这些研究涵盖各个领域，包括知识领域和技能领域。

运用形成性评价给教师带来的益处

形成性评价之所以能给教师带来益处，是因为教师可通过形成性评价调整自己的教学策略，使之更适合学生的现状。改进自己的教学方法，更好地激励学生，这样学习就变得更有目的性，时间的利用率也会提高，教师也会将更多的精力放在帮助学生进步上。形成性评价还可以帮助教师合理分组，分组是采用同质组还是异质组，可根据学生情况来定。

运用形成性评价给学生带来的益处

形成性评价赋予学生自主学习的权利，自己对自己的学习负责，这样学生会更有动机学习。因为学生会自我评估进步情况，也会获得很多反馈信息。他们的自我评价能力、自我管理能力及独立设置目标的能力都会在此过程中得到锻炼，这些能力会让他们受益一生。

形成性评价的原则

迪伦·威廉姆（Dylan Wiliam）提出了形成性评价要遵循的5个原则，

这5个原则是形成性评价的核心内容，而且应该成为我们培养学生自我评估能力的指导原则。

教学目的和成功标准的深层理解

学生有必要知道在学习后，教师对他们有什么期望，即希望他们能获得什么知识和技能，以及如何成功地运用他们所学的知识和技能。学生应该主动参与整个过程，这样他们才能更有动力。教师有必要了解关于学习进程的知识，以便对学生进行科学的诊断性评价，帮助学生将精力集中在学习上。

有质量的班级讨论，班级活动及学习任务都是学生展示自己的好机会

教师需要开发和利用有效的教学策略，增加学生的知识储备，发展其技能，并向学生传达成功的评判标准。通常以教师为主导的活动，设有任何理由不让学生参与，学生可通过反馈向教师传达他们对学习任务和学习进步的理解与看法。

反馈环节

不断循环往复的反馈环节，能够让学生了解他们正在做什么，他们的目标是什么，以及他们是如何开展学习的。教师、同伴以及自己给出的清晰明确的标准和评价原则，能够加强反馈环节，让学生获益更多。给出的反馈信息要及时、有针对性，不能拖延或太宽泛。

鼓励学生相互学习，相互促进

通过讨论，加强学生间的互动，让他们一同讨论学习任务，探讨彼此学到了什么，这有助于提高学生的学习动机和学习能力。

倡导学生成为自己学习的教师

自我意识和自我管理在很多学校、班级起着关键作用。在一个支持性的学习氛围中，学生更易相信彼此，更愿自由畅谈，这样有利于激励学生学习，让他们获得更多元认知。

如何将评价嵌入课堂

课堂评价在学习过程中十分关键，下面介绍的是在每个周期对学生学习的评价。

正如好厨师会在做饭时不断地品尝，缺什么材料便补什么材料，力求味道鲜美。教师也应如此，不断地检查学生的学习情况，如学习进度、知识和技能的掌握情况，再决定下一步该怎么教，怎么指导学生。图6.1展示了将评价运用于教学和学习的过程。评价激励学生学习，帮助教师计划和调整教学。

评估先验知识（预评价）

学生能学会什么取决于他已经知道了什么，在宏观计划中，学生的先验知识决定了他们形成皮亚杰所说的纲要，即基于他们在现实生活中的体验形成的认知结构，这些认知结构随着新知识的增多而不断地变化。新点子、新想法会激活过去的经验，学习者会试着将新知识点与先验知识联系起来，丰富原有的认知结构。如果新思想、新信息与先验知识相悖，学习者便会相应地调整认知结构，大脑会在同化和适应之间均衡两者的关系，以缓解认知危机感。

先验知识也决定了学生了解的事实及掌握的技能。了解学生的先验知识，有助于教师在某个领域或环节，帮助弱的学生再次复习或巩固知识，

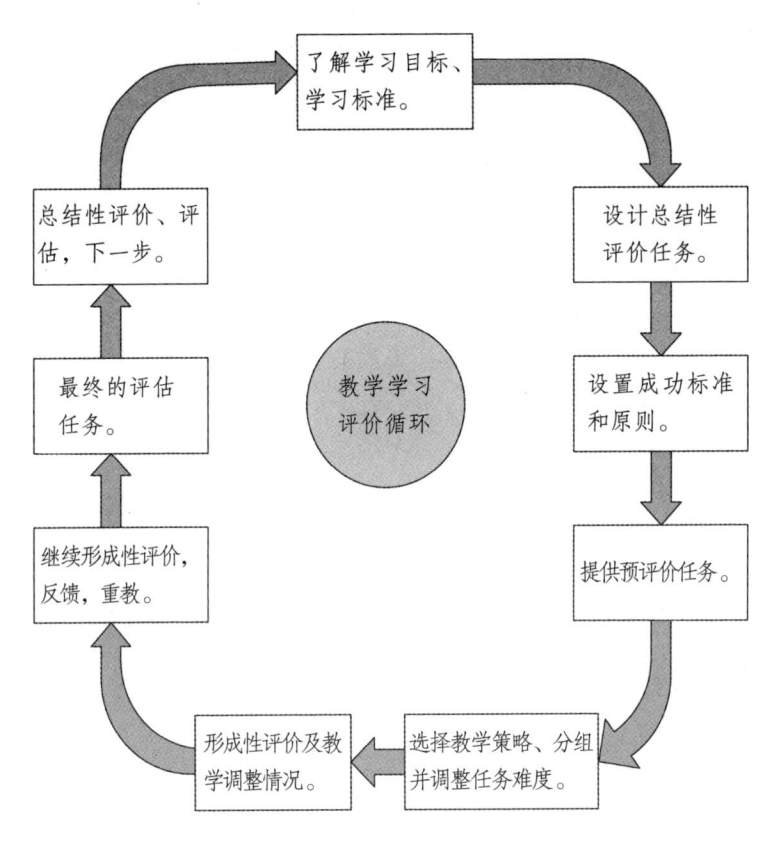

图6.1 教学学习评价循环

也能够加快已牢固掌握知识的学生的学习进度。威林厄姆发现学生已掌握所学知识的40%~60%，其中1/3的学生掌握的知识与同班同学有差异，所掌握知识的1/4来自与同伴的交流互动。即便是同班同学，他们的基础也会有不同，先验知识有差异，各自的需求也不相同。学生存在诸多差异，有先天因素，如基因，也有后天因素，如机遇与经历。因为学生的个人爱好、兴趣、经历、社会经济地位的不同，所以先验知识方面差距也很大。总而言之，一种模式不适合所有学生。

因为先验知识对学生的学习十分重要，因此教师需要想方法去评估它。海蒂认为先验知识对学生学习的影响值为0.67。先验知识有助于教师调整教学策略和教学方式，帮助学生衔接新旧知识间的联系。事实上，在预测学生是否成功方面，学生的先验知识比学生的智商更准确。错误的概念会误导学习者，因而要纠正错误概念，重新巩固知识，让学生很容易地转向下一阶段的学习。通过反思和元认知，让学生意识到自己的错误理解和得出的错误结论，能更好地加深他们对学习材料的理解。

预评价学生要学习的新知识、新思想、新技能，有利于学生了解自己的先验知识，为教师了解学生提供了很多信息：

- 陈述性知识：每个学生了解多少知识；
- 程序性知识：每个学生能做什么；
- 了解学生感兴趣的东西，以激发学生的学习动机；
- 消除误解。

所有的长时记忆或先验知识都储存在大脑皮质中的元意识档案中，当某个概念刺激大脑，大脑就会提取长时记忆档案，结合与之相关的短时记忆。例如，你被要求想一想沙滩，在4~7秒内你就可能提取所有与沙滩相关的信息，让学生随手记下大脑中出现的事物，教师可通过学生记下的内容判断学生的已有经历、兴趣及概念知识。

海马体位于脑颞叶，扮演着记忆分类转换的角色，并从大脑皮质中提取长时记忆。一旦无意识信息被存储，必要时会转为有意识记忆。所有存储在大脑皮质中的记忆都是相关联的，没有单独存在的。关于海洋的信息就存储在大脑的很多区域，如枕叶、颞叶、小脑视觉区和嗅觉区，因为大脑中有关海洋的记忆包括视觉图像、声音、运动及味道。这种图解可用于地理课上讨论世界海洋，或者以此为背景讲一个故事。如果你生活在加利福尼亚或其他靠海的城市，你大脑中关于海洋的信息一般要比不生活在海边或没见过大海的人多。

海马体主要通过快速睡眠，俗称打盹儿，将短时记忆转为长时记忆，然后再进行重新组织和存储，大脑中的记忆得以更新，多巴胺在此过程中也起着促进作用。海马体主要负责将新知识、新信息与先验知识结合起来。这样预测学生的先验知识，不仅有利于教师更合理地安排学习进度、设计学习目标，也会激发记忆库，让学生更好地调整状态，接受新知识。

教师本身有很多的教学任务，在时间紧张的情况下，他们会权衡什么对学生更有益。很多教师觉得有很多概念需要学，时间又紧张，便不想再浪费时间在预评价上，然而预评价和形成性评价若运用得当，那么教师便可以为学生量体裁衣，因材施教了，在教学过程中，省去学生已经知道的、了解的内容，并为以后的学习奠定基础。窍门在于运用快速形成性评价，这样更为有效。快速形成性评价能够更快地获得信息，便于教师及时调整计划，并为学生的学习进展情况给出反馈。

有经验的教师在唤起学生回忆和经历方面有很多有效的方法。在学生对新题目进行讨论前，简单地提几个问题便可以唤起学生的回忆。教师可以把对比分类策略运用于讨论中，提出以下类似问题：

- 和我们上周的考试有什么相同之处吗？
- 有什么是你见过的吗？
- 这像不像_____？

对比策略有助于学生辨别新知识、新内容。试着将新概念、新思路与先验知识建立联系，加深学生的理解。

除了这些简单随口问的问题，教师还可以利用更为正式一点的预评价方法。下面将列举一些预评价的方法，以激活学生的先验知识。

摸底考试

进行一次摸底考试，题型可包括单项选择题、判断题和完形填空来评估学生的先验知识。完形填空和省略关键词的填空都是考查学生先验知识的好方法。

首字母头脑风暴法

给学生提供一张含有26个字母的卡纸，每一个部分按一定排序分别写上26个字母。然后便可以让学生利用头脑风暴把所有以该字母开头的主题写在卡片上。例如，A部分，写下所有以字母A开头的主题，整个过程可独立完成，也可合作完成。

先行组织者和图形组织者

先行组织者是在学习新单元前进行的活动，有助于学生理解新单元的教材内容。先行组织者不仅能提高学生的注意力，提取与课题相关的先验知识，也是学生复习或查漏补缺的好机会，让学生为新单元的学习做好心理准备以及打好知识基础。马尔扎诺等人经过研究称，利用先行组织者对学生学习的影响值为0.74。

以下是几种先行组织者的类型，可以设计先于学习材料呈现之前的引导性材料，构建一个使新旧知识发生联系的桥梁，促进学生学习。

- 陈述性学习材料：引导性材料隐于故事中阅读；
- 略读：与同伴一起阅读或参与复杂的阅读材料；
- 图形组织者：利用鱼骨图或概念网，见图6.2和图6.3；
- 技术：网上搜索背景材料或利用教师制作的微视频等。

在预评价过程中，教师应该收集很多信息，知道学生学习新知识、新技能的准备情况，包括心理准备和知识准备，他们之前的能力水平、思维模式、兴趣爱好以及他们对新单元学习的偏好，甚至了解他们在学习中有可能提出的问题。如果你没有打算认真借鉴这些信息，还是按照原来的方法教学，那就不要浪费时间进行预评价了，不要成为滴漏综合征的受害者。教师应利用收集的信息，调整教学策略，使之更适合学生的先验知识。

预评价活动应该在开学前几天进行，这样教师便有时间分析数据、调整策略。如果学生已经掌握了所学知识，精通技能，那教师便可以开展更复杂、更有深度的活动，来激发学生的学习兴趣。同时，教师还有一定的时间利用一些策略，如翻转课堂，即课内或课外利用网络或信息，帮助学生跟上节奏，纠正学生的错误，补足他们所欠缺的知识。这类活动会吸引学生的注意力，并激发学生对新课题的思考。

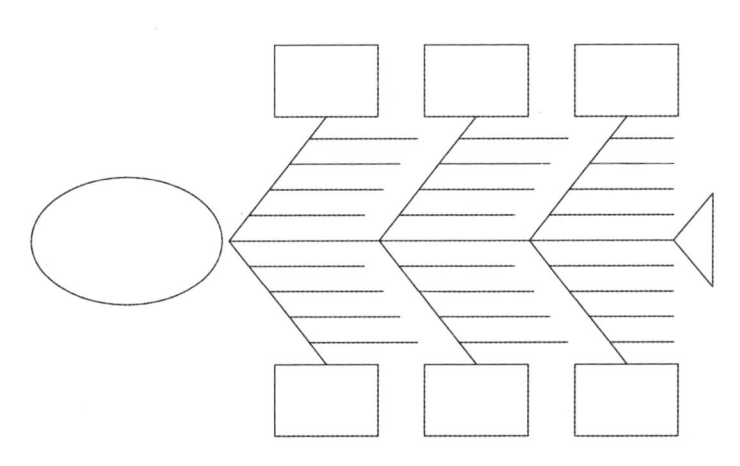

图6.2　鱼骨图

第六章　发挥评价的作用　143

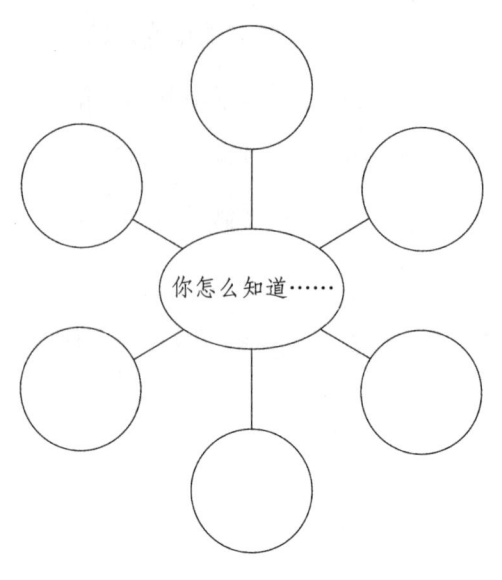

图6.3 概念网

形成性评价

预评价在制订教学计划时意义重大，但进入课堂，这时候便是形成性评价发挥作用了。课堂上，教师可以通过学生的参与情况，评价教学策略的有效性。在预评价学生的先验知识后，形成性评价有时候就很随意了。有时候仅仅是在学生小组合作时来回走动，听一听学生的讨论内容。也可以是与课题话题相关的几个小问题，看一看学生的掌握情况。即便如此，形成性评价也有其结构和规律。

KWL 已知，欲学知识，已学

KWL图表是让学生通过自我反思他们对主题了解多少，他们想要学习什么，以及他们认为已经学到了什么。KWL图表修改后，也可用于预评价。KWL图表能够快速提取已有知识，与新知识联系起来。类似表6.1的表格能够给学生提供自测的机会，也能让教师了解学生的兴趣爱好以及学习的进展。其中GEL部分的设计是让学生反思此时此刻他们学到了什么，关于课题，他们期待学到什么，以及之后他们学到了什么。图表最后一部分的设计是让学生思考，我现在知道什么，我需要了解什么。让学生利用头脑风暴思考策略，然后计划每一个步骤。

表6.1　KWL图表及其变形

K: 知道或认为知道。	
W: 想知道。	
L: 学习得到。	
G: 已得到的。	
E: 期待得到的。	
L: 学习得到的。	
K: 知道的。	
N: 需要的。	
D: 做到的。	
K: 知道的或认为知道的。	
W: 想知道的。	
L: 学到的。	
K: 知道得更多。	

W-5图表

W-5图表的设计，见表6.2，是让学生通过5个以W开头的问题：什么人？什么事？什么地点？什么时候？什么原因？写下关键词，当然，他们还可以用例子、图表和符号，厘清思绪。教师也可以通过表格，知道学生已掌握的知识和技能，根据学生现有情况决定教哪些内容，选择何种教学策略，仔细考虑如何对学生分组。还要考虑学生之间的差距，适时地重新教授知识，以弥补学生的知识缺失。

表6.2　W-5图表

标准	关键点	图表
什么人？		
什么事？		
什么地点？		
什么时候？		
什么原因？		

学习引导

学习引导在对比学生学习前与学习后很有帮助，可以帮助学生解决问题。如我们现有水平如何？学生也会意识到自己先验知识的不足及如何完善。在反思学习的过程中，学生能够了解自己的进步情况，从而这种自我意识便成了元认知过程的一部分，表6.3向我们展示了为学习知识点哺乳动物而设计的具有引导性的表格。尽管哺乳动物这个知识点属于科学范畴，但学习引导也可以将先验认知与新主题联系起来，如将道德问题与文学人物联系起来，将观点、想法与历史或政治问题联系起来。表6.4可以作为任何科目的学习引导。

表6.3　为知识点哺乳动物而设计的引导性表格

阅读之前		考虑因素	阅读后		证据
同意	不同意		是	否	
		哺乳动物有两条腿。			
		所有的哺乳动物寿命都不是太长。			
		哺乳动物冬眠。			
		哺乳动物吃肉。			
		哺乳动物用肺呼吸。			
		哺乳动物不是冷血动物。			

表6.4　引导性表格

阅读前		考虑因素	阅读后		证据
同意	不同意		是	否	

评价准则

学生完成学习任务后，教师可为每一个标准设计4种不同程度的评价准则。学生会通过自我评价或同伴评价，对自己学习前的能力水平定位，并预测自己达到每一项标准后，处于哪一个层次。通常具备自我评价能力的学生会对自己的期望值高一些，而且在预计自己的进步情况时也会更乐观一些，同伴间的评价和反馈往往也更加准确。

涂鸦板

第一章已经介绍过涂鸦板，现在可以很好地利用涂鸦板。学生可以3人或4人共用一个涂鸦板（见图6.4和图6.5），让学生记下自己知道的所有与主题有关的内容，就像涂鸦一样。给予学生一定的时间让他们记录，可利用不同颜色的笔标记。在一番头脑风暴之后，学生们分享自己的想法并创造出"大问题"。创造出的"大问题"固定在单元间，便于学生找到联系，理解其中的意义。图6.6是关于濒临灭绝物种的3人涂鸦板。

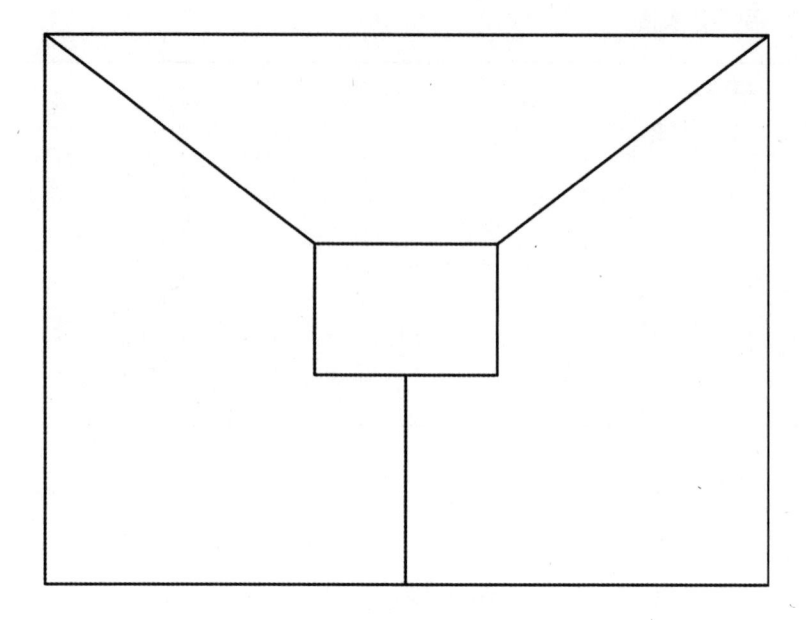

图6.4 3人涂鸦板

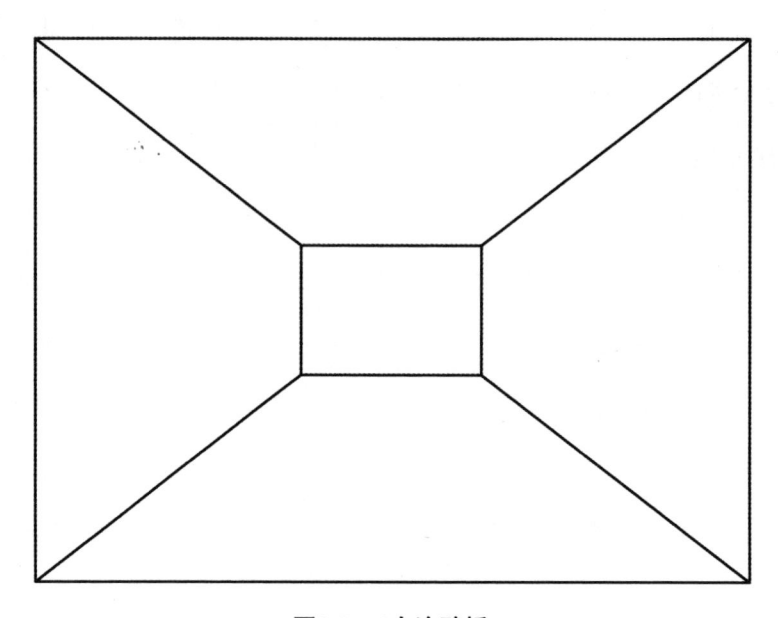

图6.5 4人涂鸦板

钓鱼和捕鱼过度；
油泄漏。

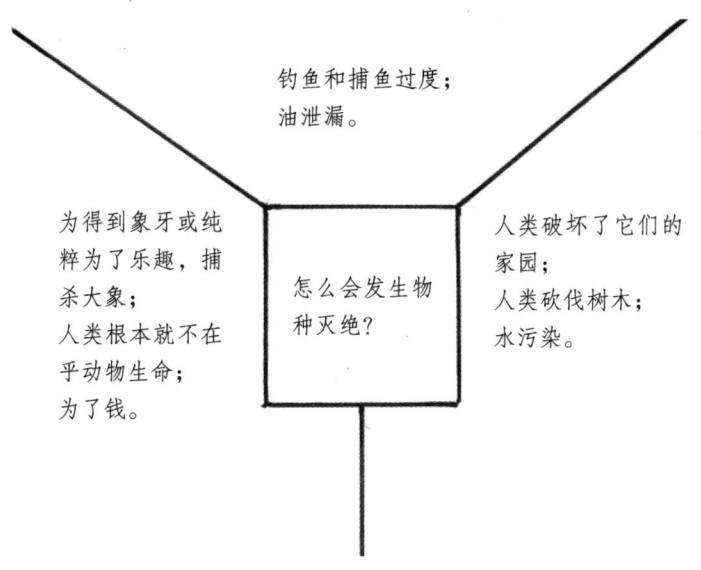

为得到象牙或纯粹为了乐趣，捕杀大象；
人类根本就不在乎动物生命；
为了钱。

怎么会发生物种灭绝？

人类破坏了它们的家园；
人类砍伐树木；
水污染。

图6.6 关于濒临灭绝物种的3人涂鸦板

四方格

把卡片分成4个部分，每个部分都有相关提示，然后将这4个部分折叠。每个学生只看到其中一部分，然后思考、联想，完成后，与其他3位同学进行交流。通过观察学生的需求和他们的兴趣，制订教学计划，设计四方格。表6.5举的例子是关于加拿大的，可用于预评价。表6.6主要是检查数学问题的理解，属于形成性评价范畴。

表6.5 关于加拿大的四方格

你为什么要到加拿大？	你想参观哪些景点？
你对加拿大有什么疑问吗？	你了解加拿大吗？列举你了解的3件有关加拿大的事情。

表6.6 数学的四方格

数学问题。	你认为哪些是简单的，哪些是难的？为什么？
你用了何种策略解决问题？	关于这类问题，你有什么看法？对于那些对此类题目困惑的学生，你有什么建议？

快速检查学生的理解能力

就像之前提到的那样，形成性评价可以简单到只在教室里来回走动，听一听学生在搭档合作或小组合作时讨论的内容。或者简单地看一眼学生困惑的脸，问一个跟进式的问题。下面介绍一些简单、快速地检查学生理解水平的方法，这些方法可以运用到每天的课程中。

• 快速写下：发给学生一张卡片，让他们快速写下他们知道的有关主题的所有内容。这是一种自由写作活动，利于激活大脑，提取先验知识。也可用于提高学生解决问题的能力，教师可用该方法检查学生的理解情况，通过学生的反馈，可以知道他们现在处于哪个阶段。

• 学生的课堂测验：在第三章中，介绍过布鲁姆重新修改过的分类思维表，学生可自己写关于高阶思考的问题。

• 定义关键词汇：学生自主选择学习材料中的关键词汇，并用自己的语言定义词汇。

• 对比：学生自主思考故事的主题，并与上一个读过的故事做对比。

• 举例：学生先举3个正面例子，再举3个反例。

• 4个角落：教师将教室分成4个部分，并将其分别命名为"优生组""良好组""达标组""待提高组"，学生可根据自己的水平，自由选择小组，这有利于培养学生的自我测评能力。

• 图表：学生可以创建图表来呈现思想。

• 学习指导：学生可列举学习指导列表，并总结学习材料中的主要观点，为参考文献添加备注。

• 利用思维导图，列出重点：利用思维导图，创建一系列的标志或提示，呈现概念中的所有关键词。

- 一分钟谈话：总结他们关于某个知识点的了解，与搭档讨论一分钟。
- 回应卡（红色、黄色和绿色）：学生对自己的学习给出评价，红色回应卡代表我很困惑；黄色代表我正在努力；绿色代表我学会了，可以学习新知识了。
- 五指拳：学生可用伸出的手指数代表自己对主题或技能的自信程度，如伸出5个手指代表我做得很棒；伸出4个手指代表我很出色；伸出3个手指代表我做得还不错；伸出两个手指代表我还未掌握；伸出1个手指意味着我需要帮助。
- 大拇指向上或向下：学生可用大拇指向上或向下来表示自己是否同意教师的陈述。也可用"回应卡"来表示，其中绿色代表同意，红色代表不同意；笑脸代表已理解，哭脸代表仍困惑。教师可利用该方法快速收集学生的课堂掌握情况。
- 日志：参照评价标准与准则，学生可在日记本上快速写下自己的收获与进步。3—2—1方法在此仍然适用，3代表我能理解或能做到的3件事情，2代表我能想到两个联系，1代表我仍然还有1个问题待解决。
- 相互分享：给学生提供一些列表，学生快速记下经过讨论后了解的两件关于题目的事情，然后与搭档分享其中一件自己了解的事情，之后，转换角色。每个搭档将另一个搭档的想法或观点写在自己的列表中，然后再寻找下一个搭档，直到完成表格或者讨论时间结束。
- 旋转式头脑风暴：将记录纸贴于教室的4面墙上，学生3~4人为一组。把与学习单元内容相关的不同主题或不同问题写在不同的纸张上。每个小组从其中一张记录纸开始，全组人员用同一种颜色的笔做记录。并在教师规定的时间内，尽可能地回答问题。完成一张记录纸后，再转向另一张记录纸，在记录纸上用与刚才同一颜色的笔做标记。循环往复，直至写完最后一张记录纸。各组之间用的笔颜色需不同，这样便于教师了解答案是出自哪一个小组。

• 做侦探：学生手里拿着有概念信息的列表在教室里走动，努力寻求其他同学的帮助，以获得更多自己需要的信息，当然自己也要给有需要的同学提供帮助。之后，总结自己学到了什么，又是从哪些同学身上学到的。此活动有助于增加同学间交流，同时也锻炼了学生的听力。

教师从标准化水平测试的结果中能够了解学生的学习情况和获得的技能，在了解学生真正需求后，一定要因材施教，采用多元化教学方式，这样才能更好地促进学生的学习。

总　结

不仅教师要知道学生的水平，学生自己也要了解自己的水平，在课堂上运用形成性评价能够让学生及时调整自己的状态和学习策略，确保自己跟上进度。利用鱼骨图和四方格能让学生更加了解现在正在学习的知识。快速反馈的策略，如拇指向上和向下，也可以用来检测学生对知识的理解程度。

讨论点

• 讨论滴漏综合征，以及其对学生学习的影响。

• 什么样的学生是具有自我评价能力的学生？你的学生里有具有这种

能力的吗？他们具备什么特征？

• 讨论形成性评价理念，以及其与教师制订计划、学生参与和不断进步的关系。

• 阅读有关先验知识的研究，讨论其与激发学习之间的联系。

• 讨论预评价策略，在课堂上你大概会采用哪一种策略？为什么？

• 创建学生参与指导，用于新课题或新阅读材料。

• 讨论先行组织者及其运用。创建一个鱼骨图或其他图形先行者，然后让你的学生完成表格。

• 选择几种策略检查学生的理解能力，并在课堂上经常应用。对其在课堂中的效果做出反馈。

第七章 发挥反馈的作用

反馈能够帮助教师改进教学计划，调整教学策略，若学生具备自我评估能力，就可以自己指导、监督自己的学习。学生在完成任务的过程中，需要教师、同伴及自己对自己的反馈，以确保自己达到成功标准，保持激情，积极活跃地参与课堂。评估一词源于拉丁语，意思为及时给予评估、指导。在课堂上，评估应该及时，因为学生旁边坐的就是要给自己反馈的教师或同伴。

反馈信息对学生学习的影响显著，但我们验证其效果的方法具有多样性和可变性。威廉姆称，有价值的反馈信息能够促进学生的学习。然而，有个前提是有价值的反馈信息给出有效的反馈，首先要有明确的目标，学生能够理解，而且精力要放在学习任务上。给出的反馈要及时，而且要具体针对某个学生，能够鼓舞学生决定自己学习的进度，进行自我测评，而且还要能加强学生间的相互协作，让他们有分享资料和想法的意识。

我们需要验证反馈给学生学习带来的变化，确保学生能从反馈中受益。萨德（Salder）提出了差距反馈的概念，即反馈能够缩小学生现有水平与应获得的水平之间的差距。他还强调如果能满足以下条件，反馈就会促进学生的学习。

• 教师能够了解学生与目标的差距；

- 学生应该能够自我指导学习，并为下一步的学习制订计划；

- 教师需要提供一些线索，帮助学生集中精力；

- 教师应将关注点放在学生学习的过程中；

- 教师能够为学生的错误或复杂的概念提出论据或举出反例，帮助学生厘清思路；

- 反馈应该是激励性的，应该让学生意识到，自己还需要付出怎样的努力才能成功。

虽然海蒂通过分析提出了反馈的重要性和影响力，但是这一切的前提是需要知道给出的反馈属于哪一种类型，是不是有效。以奖赏为目的反馈对学生学习的影响很小。若给出的反馈能让学生为了完成目标调整学习策略，改变努力的方向，无疑对学生的学习有深远的影响。这类反馈能够让学生朝着目标前进，能够提高学生的自我管理能力，增强学生的意志力。持续不断地进行评估也十分重要，这有利于学生调整方法，也利于教师根据学生需求调整课程和教材，使之更符合学生的发展需求。

学生也需要通过反馈描绘出对成功的认知：从样例到学生自己成功的实例。以他们爱玩的电脑游戏为例，我们需要让学生看到他们处于哪一个级别，哪一个阶段。并让他们知道达到下一个级别或阶段需要什么。反馈对于学生成功的影响主要体现在以下3个方面：

- 明确的目标：对成功结果的认知；

- 缩小差距：现有水平与期待水平之间的差距；

- 给予指导：下一步该怎么走。

需要避免的几种无效反馈

反馈固然重要，但只有当反馈信息促进学生完成目标的时候才是有效的。有很多反馈都是无效的，下面介绍几种常见的无效反馈。

过于宽泛的反馈

过于宽泛的反馈或针对整个班级的反馈对学生的效果不大，而且经常会被忽略。

书面反馈

书面反馈，如在试卷上的反馈，学生一般只关心分数，很少去看这类反馈，当然也不会反思或思考这类反馈。有时不可避免地需要使用一些书面反馈，但需要明白，不能全依靠书面反馈。

总结性反馈

总结性反馈是学校中必不可少的一部分，如期末考试、期中考试甚至是月考、周考的成绩，或是一些论文的得分。学校中虽然经常用到这样的总结性反馈，但这种反馈也有不足，总结性反馈往往被看作最终评价，因而并没有从学生的视角评价学习过程。

有一种理念是只对学生的学习给出反馈，不打分数，不分等级，但是教师对该理念持有消极态度，他们害怕不打分数，学生就没有学习的动机，就不会像追求高分数那样努力学习。研究表明，一旦给学生作业或试卷打分，学生通常不会关注自己错在哪里，也不会看教师给出的书面反馈，而是与其他同学的分数进行对比。有的学生炫耀自己分高，有的学生接受自己的平庸，甚至有的学生对自己的分数感到沮丧和羞愧。这种情况下，反馈信息往往会被忽略，因而起不到应有的促进作用，既浪费了精力，又浪费了时间，也没有达到目的。

赞 扬

传统观点强调课堂中的表扬对学生的促进作用，很多人认为通过表扬，学生能够得到更多，也能增强他们的自我价值感和优越感。然而研究结果却出乎所料，表扬也许会激励学生，学生受到表扬会很兴奋，但是这只是暂时的。布罗菲（Brophy）区分了在人际关系中作为管理技巧的赞扬和作为教学策略的赞扬之间的区别。德威克发现，一些表扬会对学生的学习有反面作用，因为表扬会让学生产生满足感，他们会变得骄傲，这样反而不利于培养学生的毅力。长时间进行表扬是无意义的，尤其是给出宽泛的表扬时，如"很好""很棒"，这并没有给学生任何信息，他们有时并不知道自己哪里说得好或做得好。这样的表扬给学生传递的信息是一种口头奖励，不是针对学习本身。事实上，表扬有时对学习有消极作用，因为其降低了学生的参与度，因为小事而受到表扬，会使有的学生变得不那么努力了。

教学反馈：有质量的反馈信息

站在学习的立场上，若把表扬看成是无营养的，那么有质量的教学反馈就可以看作是营养大餐了。表扬像糖一样受人欢迎，但是它并不能促进学生的发展。关于任务、学习过程和自我管理的反馈能促进学生的成长与发展。

尼克尔(Nicol)和迪克（Dick）称形成性评价是学生获得的最重要的反馈信息，因为这种评价贯穿整个学习过程，形成性评价也能回答海蒂和廷珀利（Timperley）认为最关键的3个问题：

- 我追求的是何种目标？（学校目标及成功的标准是什么）
- 我怎样才能完成目标？（我如何规划才能完成目标）
- 我下一步该怎么走？（我需要具备哪些知识和技能）

我们不可能练习一次便能达到精通的程度，因而教学反馈很关键。学习过程中难免会出现错误，犯错误并不是因为有缺陷或不足，它只是所有人在学习新知识、培养新技能的过程中不可避免的情况。错误能推动我们向前，让我们知道哪些地方需要纠正，哪些知识已经掌握。拥有这样的理念，教师便可将自己的角色定位为反馈者，并将此理念传达给学生，让学生明白，出现错误是学习过程中最正常的事情。可以借鉴中学生上体育课的方法，篮球教练、乒乓球教练或曲棍球教练，他们并不会给学生打分，他们只会在学生练习时，在旁边予以指导，并给出反馈信息。具体的有针对性的反馈能够帮助练习者了解什么地方是标准的，哪里需要改进。学习也是如此，也需要在学习的过程中给予反馈与指导。

教学反馈能够处理学习的不同方面的问题，海蒂将这些方面归纳为4种类型，即学习任务反馈、过程反馈、自我管理反馈和自我反馈，详见图7.1，前3个类型对学习的影响会大一些。

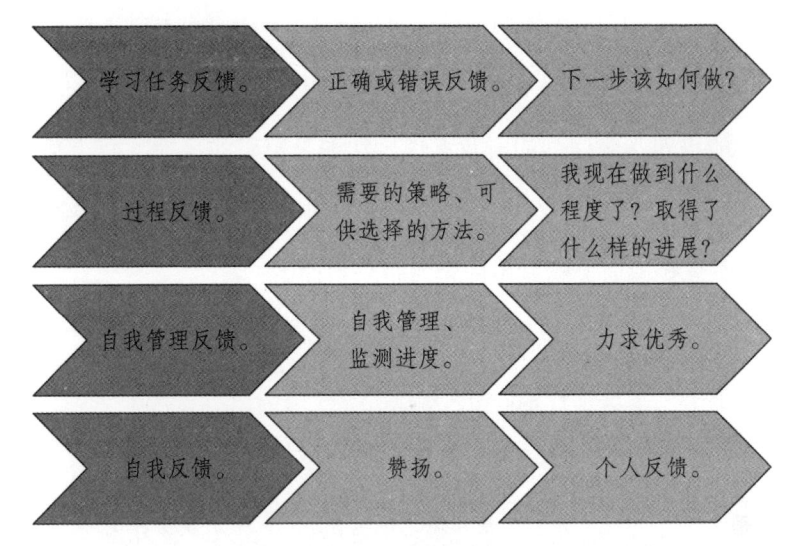

学习任务反馈。	正确或错误反馈。	下一步该如何做？
过程反馈。	需要的策略、可供选择的方法。	我现在做到什么程度了？取得了什么样的进展？
自我管理反馈。	自我管理、监测进度。	力求优秀。
自我反馈。	赞扬。	个人反馈。

图7.1 反馈类型：学习任务反馈、过程反馈、自我管理反馈和自我反馈

• 学习任务反馈：我的目标是什么？此时的反馈信息应该是任务完成得如何，强调正确与否，还有哪些其他的信息或资源需要考虑。该类信息是过程反馈和自我管理反馈的基础。所有水平的反馈都是十分重要的，出现的问题都需要解决。应该使用简单、明确、具体的反馈，让学生内化反馈，并按照反馈改进。

• 过程反馈：我如何做？这主要涉及学习的过程，包括学生学习过程中运用的策略及过程如何更好地为完成目标服务。这个阶段能够加深学生对学习材料的理解，提高学生完成任务的信心。

• 自我管理反馈：反馈信息能够提高学生的反思能力及自我管理能力。在这个阶段，学生应该着重发展自主权、自我控制及自我指导的能力。除此之外，让学生按照给出的反馈调整自己努力的方向也很重要。学生应该对自己的自评能力更加自信，并意识到自己既是学生，又是自己学习的老师。他们应该感激反馈，并想方设法地提高自己的学习能力，从而获得成功。

- 自我反馈：这类反馈通常是以表扬为主，对学生的帮助不大。不过这类反馈能培养学生强烈的自我意识。如果是消极的反馈，会让学生产生挫败感。将越多的精力放在前3个阶段，学生受益就越多。正如我们之前讨论过的，表扬有时会给学生的学习带来负面影响。

表7.1列举了每一个反馈类型的特征和教师在给出反馈前需要考虑的因素，并列举了一个反馈样板。

表7.1 学习任务反馈、过程反馈、自我反馈中教师需要考虑的因素

反馈类型	教师考虑的因素	反馈样例
学习任务反馈 • 分辨正确或错误的答案。 • 获得额外的信息。 • 重授并提供更多的浅层信息。	• 答案符合要求吗？ • 答案正确吗？ • 哪里做得好？ • 哪里遗漏了信息？ • 答案还有改进的空间吗？	我看见你正在参照准则，确保把使用的信息考虑在内，你还可以参考其他资料，获得更多的信息。
过程反馈 • 找到思想、理论间的联系。 • 利用多种方法找出错误。 • 从错误中学习。 • 提示学生还有其他策略。	• 怎么了？ • 为什么错了？ • 运用的是什么策略？ • 他们是如何得到正确的答案的？ • 还有其他的问题吗？ • 学习任务中，有哪些联系？	把你的作业与多媒体联系起来。运用多媒体能帮助你更好地厘清思路，并给出提示信息。
自我反馈 • 能够内部自我反馈。 • 能够判断正确或错误。 • 愿意寻求和运用反馈信息。 • 愿意寻求帮助、寻找其他资源、探索真理。	• 学生如何运用自我管理？ • 要达到什么样的自我检查目的。 • 学生如何评估信息？ • 怎样反思他们的任务和过程？他们做了什么？	你想过人们对你的演讲有什么反应吗？你希望听众有什么样的反应？也许你希望通过此演讲知道他们的兴趣。

促进发展型思维

拥有一个发展型思维对激发学生学习相当重要，学生必须明白，智

力并不是一成不变的，学生并不能被简单地分为"聪明的学生""普通学生""待提高学生"。学习过程中，遇到挑战和困难都是正常的，永远不要消极地对待困难和挑战，因为它们是智力发展的基础。

为了不断促进学生思维的发展，给学生的反馈信息应该包括与学生付出和努力相关的准确、具体的评价。不要随意评价他们的能力，将重点放在学生的努力程度上，这更有利于学生努力，让他们更有可能获得成功。以下是在不同的水平阶段，教师针对学生努力给出的反馈和评价：

在学生付出很大的努力后，仍然困惑不解时

"学习新知识，当然不容易了。"

"我知道你能做到！虽然很难，但可以分成一个个小部分，一点点地克服。"

"你已经取得了很大进步，继续加油！"

学生困惑不解，需要指导时

"我来帮助你，告诉我你已经取得了哪些进展。"

"其中一部分确实很难，告诉我你哪里不懂。"

"另一种方法也许可以，你试一试。"

当他们取得进步时

"策略选择得很好，继续努力。"

"你意志真坚强，保持下去，你一定会有所收获。"

"我知道你为此付出了很大的努力。"

当他们付出很大的努力获得成功时

"你的努力，你的付出，是你成功的基石。"

"你之所以成功，是因为选对了策略。"

"你永不放弃的精神，深深地感染了我，我为你骄傲。"

当他们很容易便获得成功时

"你已经准备好了，继续努力吧。"

"你已经熟练了，准备迎接下一个挑战。"

"你真棒，下一个目标是什么？"

德韦克认为，教师可在学生挑战新任务时，用"还不是时候"这句话来鼓励学生继续努力，我们需要更多的时间、更多的资源和更多的指导。我们还不成功时，只要足够努力，不屈不挠，取得成功只是时间的问题。当然，在整个学习过程中，有时学生会面临一大堆的挑战，表7.2展示了一些用来鼓励学生的策略。

表7.2 反馈和回应：及时、有针对性

行为和需求	教师可考虑的几点帮助
针对那些不明白学习任务的学生。	• 回顾学习目标及成功标准； • 给出样例，让学生更加了解学习任务； • 提出问题，了解学生面临的问题和障碍。
针对那些对具体学习任务焦虑的学生。	• 重温样例和评价准则； • 把任务分成若干个小部分，一步一步地完成。
针对那些有强烈自我意识的学生。	• 保证你们的讨论在小范围内，不要公开； • 给学生一定的自主权，让他们展现自己的能力。
针对那些迟迟不开始的学生。	• 有太多选择，学生一时不知道选哪种，此时教师描述一种最有优势的方式。
针对那些经常被表扬的学生。	• 让他们根据检查表进行自我估计，当取得一些进展后，与大家一起分享； • 鼓励他们运用积极的对话； • 对学生取得的进步给予鼓励，多肯定他们的努力。

续表

行为和需求	教师可考虑的几点帮助
针对那些不愿接受新方法，不愿尝试新策略的学生。	• 将新旧策略进行对比； • 对学生使用何种方法提出建议，要既符合他们的习惯，又不与标准相悖。
针对那些对学习任务有怨言的学生。	• 悄悄地询问他们对学习任务的看法； • 鼓励学生大胆地与同学交流。
针对那些对学习任务感到厌烦的学生。	• 谈一谈他们为什么对学习任务不感兴趣，可根据他们的兴趣适当地调整学习任务。

发挥反馈的针对性作用

反馈信息若不具有针对性，则作用不大，我们之前讨论过教师清楚地表达对班级成绩的影响。教师必须清楚地知道学习目标以及各个目标之间的联系，了解其对课程的导向，并清楚地告知学生成功的标准和评估原则。

我的女儿就经历过这些，她在大学期间选修了一门课，她十分渴望此科目能得A，因为她十分想申请研究生。有一天晚上，她特别沮丧，并给我看了她那天收到的成绩单，等级为B+。我便问她试卷上写了什么评语，是否还有机会重做，她说重做是不可能的事，试卷上只写了"B+和做得不错"。我建议她单独预约老师，一起商量对策。她按我的建议做了，之后我打电话问她怎么样了，她告诉我，当她跟老师谈到分数，询问哪里需要改进时，老师很反感，显得很不耐烦。老师的回答很直接："我看过你的论文后，觉得只能得B+。"她跟老师说自己不知道为什么只得了B+，她需要知道哪里做得不好，哪里做得还可以。她坚持想知道自己需要努力的地方，她有这样的毅力和不屈不挠的精神，作为母亲，我为她骄傲。但是很遗憾，那位老师并没有给她正确的和有意义的反馈。我认为哪怕是她得了A+，她也有权利知道自己哪里做得好，哪里做得不好，便于在以后的学习中有更大的进步。教师在思考反馈时，应该考虑以下几点：

- 明确学习目标和目的；
- 告知学生成功的标准；
- 评估及评价学生进步的情况；
- 提供可用的资料；
- 用积极有意义的方法纠错；
- 为学习开展对话；
- 确保学习的质量；
- 给出建议和反馈信息；
- 让学生反思下一步怎么做。

使用积极向上的语言

当你问学生想从反馈中获得什么时，他们的回答多数是想通过反馈提高自己。在他们眼中，最无效的反馈是批评，有时批评比失败本身更加可怕，因为批评会损害学生个性的形成与塑造，不利于形成正确的自我意识。如果目标和反馈不够明确，就变成了猜测游戏，猜测教师喜欢什么或教师的意思是什么。

学生希望通过反馈知道自己下一步该做什么，举个例子，在作文本上，教师给出的反馈是：你的语言平淡无奇，纯粹是描述。这样的反馈会让学生很沮丧，而且学生也无法从该反馈中获得任何有用的信息。若把反馈换成：你若用更多的具有描述性的形容词及副词，故事便会栩栩如生，这样的反馈效果会更好，学生也知道下次该如何改进，这远比消极的带有批判意味的反馈好得多。当给出的消极反馈数量超过积极反馈数量，就会令学生泄气，他们对学习也会渐渐不感兴趣，更糟糕的是，一次消极的反馈对学生的负影响是一次积极的反馈对学生正影响的4倍。

仅仅指出学生的错误和缺点对学生并没有多少帮助，而且教师的角色也并不仅仅是纠正错误，而是让学生参与学习过程，并激励他们自己学习，提高他们的学习动机。这就意味着教师的工作包括给予学生指导和建议，让其更顺利地学习，并扩展思维。给学生指明方向能够激活学生内在的探寻系统，并提高他们的信心，让他们更加坚信自己能够完成任务。

没有一种反馈模式适合所有学生，教师给予的反馈应该考虑学生的知识水平和技能，旨在鼓舞学生学习，而非让学生气馁。海蒂建议，对初学者应该给予校正反馈，对于中等能力的学习者应该给予过程反馈，对于能力较强的学习者应该给予概念问题的反馈。

学生对反馈的看法

希金斯（Higgins）等人通过调查，总结出学生认为的最消极、最没有效果的反馈：

- 提供的信息不足；
- 反馈笼统，没有针对性；
- 没有任何前馈信息；
- 反馈信息只是列一些指出的错误。

海蒂和廷珀利也开展了对学生的访谈，研究结果显示了以下是学生想从反馈中获得的信息：

- 用学生的语言精确、具体地解释；

- 证实并巩固他们能够学会的意识；
- 学习任务能帮助他们将先验知识与新知识结合起来；
- 在学习中，更加独立，更有自主权。

当教学反馈着重于学习任务、学习进程和自我指导时，当反馈是具体的、积极的，当反馈强调下一步需要改进什么、提高什么，而不是上一次做错了什么时，反馈信息才是有效的，学生也能从反馈中获益。

同伴反馈

第三章讨论了班级同伴互动的重要性，同伴反馈也是如此。学生通常更喜欢、更易接受同伴间的反馈。同伴一起讨论工作质量，与具体的标准做对比，而且同伴间相互给予反馈，能增强学生的自尊，培养学生积极的人际关系，增加其自我效能感。随着学生间的友谊不断加深，拥有积极的人际关系时，学生听同伴间的反馈则会更有意义、更有效果，而且不会伤害到一些同学的自尊。学生会根据反馈信息调整自己，改进方法，加快成长。反馈能够激发学生的学习动机，当反馈信息是形成性的反馈，而不是总结性反馈或定论时，能够提高学生的自我效能感。通过榜样作用、压力和良性竞争，直接影响到学生追求目标的动力。同伴之间的互动也会扩大学生的视野，彼此有机会看看同伴的作品，以及同伴是如何解决问题和达到目标的。

然而，需要时刻记住一点，同伴反馈并不是没有风险，通过观察研究班级，纳托尔（Nuthall）指出，来自同伴间的所有反馈，有80%是不准确的。评估准则越细致、越具体，便越能提高反馈的准确度。因为细致具体的评估准则会让学生下意识地按照这些准则设置目标。同伴一起讨论评估准则方面的事宜会比直接将准则呈现给学生更有效，学生了解得也更透彻。除此之外，细致具体的准则能够让学生了解自己处在什么位置，学到了什么程度，下一步该如何做。而且根据标准与准则，学生在学习过程中会更有目标和动力，知道怎样做是可行的，怎样做可获得成功。

学生反馈：给学生发言的机会

如果你是一位教师，语言表达能力与聆听能力同等重要。真正的聆听者能从聆听过程中获得大量的信息，如学生对教学过程的反映，他们的学习策略、优势及劣势，同伴间的互动情况，以及他们对教学和学习的态度等。我教高中时，我们会在一学期末的最后一天让学生做一份课程评估。从学生的反馈中，我知道了很多以前不知道的事情，如他们为何喜欢或不喜欢课程中的某一部分。现在回想起来，学期初课程评估的问题设置还不够精确，若设置的有关学习和教学的问题更准确、更具体，获得的信息会更多。很遗憾，我们做的调查太晚了，因为调查的时间是学期的最后一天。

学生给出的反馈信息若利用得好，则既能帮助学生学习，又能帮助教师教学。海蒂认为，鼓励学生发言能够让教师从学生的口中了解自己对学生学习的影响。教师需要了解学生的想法，以便自己更好地判断学生学到什么程度了，他们在思考什么，他们的学习偏好是什么，以及那些方法对他们是否有用。我们也想知道自己采用的这些策略的优缺点，如何去改进，如果不适用，还要弃用某些方法。学生就像我们的客户，大多数的企业都有专门的客户服务部，用于收集客户的想法，反馈消费者的需求。那我们为什么不能为学生设立一个类似的服务部门呢？

我们需要了解很多关于学生的信息，这样便于我们开展教学工作，为学生营造一种安全、熟悉、有意思的活动，提高他们的参与度和兴趣。将学生的个人信息和学生的爱好融入学习任务中，有利于激活学生的参与意识，培养他们的主人翁意识和合作精神。让学生发言也会让学生感到自己被尊重和重视。在交流互动的过程中，指导学生学习，教师也可从中获得信息，改变教学方式。

夸格利亚（Quaglia）和科斯（Corso）在其著作《学生之声的变革工具》(*Student Voice :The Instrument of Change*)中主张，学生的发言对他们的学业成绩有很大的影响。夸格利亚调查了数以千计的学生，了解他们的理性与抱负，通过分析这些数据，得出了学生的8个理想类型。之后又将这8个理想类型分为3个首要的方面，即自我价值感、信念和目的（见表7.3）。

表7.3　夸格利亚和科斯的3个原则和8个理想类型

原则	理想类型
自我价值感：当自己的价值被肯定、被认可，学生则会更自信，更出色。学生间就会彼此信任，并更加相信自己能够成功。	• 归属：针对自己、独一无二的反馈； • 榜样：陪伴你、相信你的人； • 成就感：理解自己取得的成绩，并认为自己的努力是值得的。
信念：愿意学习，喜欢学习，不断地提高自己的学习成绩。	• 兴趣：无论做什么，保持愉悦的心情； • 好奇心和创造力：对新想法、新颖的事情保持激情； • 冒险的精神：敢于冒险、尝试新事物。
目的：对现在的自己负责，相信自己，并向前看，为自己将来的学习打好基础。	• 领导力和责任：对自己的决定负责； • 自信：设置目标、相信自己能完成目标。

在很多教学及学习领域，教师开始认真仔细地询问学生的需求和想法。但是仅仅询问并不够，还要认真仔细地听，而且获得信息也不是最重要的，重要的是用收集的信息改进教学方法，更好地满足学生的学习需求和偏好。

仅仅给学生发言的机会远远不够，你还需要认真听。听完之后，用心感受，然后再做出回应。如果没打算在听后根据听的内容做点什么，那就不要提问题，因为这样的提问纯粹是浪费时间，只会让学生更加困惑和沮丧。

学生对教师的教学是否有效更有发言权，因为没有人比他们清楚整个教学是怎样的。采用正确的形式提问对教师评估工作很有帮助。下面介绍几种鼓励学生发言并从其发言中获得有价值的信息的方法。

调　查

教师用调查表了解学生，了解他们的偏好，如他们喜欢学什么，对什么话题感兴趣。调查内容多样，如特定的主题，对周围学习环境的偏爱，能否独立学习，以及他们为什么在学校感到舒心和受欢迎，为什么不舒心和受排挤。

呈现给学生的所有书面调查中，关于反馈最重要的两点是：

- 什么类型的反馈最有利于你的发展？
- 当你遇到困难时，你最需要什么样的帮助？

教师还可以利用网络调研，即将问题放到网上，让学生根据自身情况自行选择4个等级中的一个，这4个等级分别是强烈赞同、同意、不同意和坚决不同意。还可以借鉴网络上提供的其他材料，力求调研能够收到应有的效果。

专题小组

一些学校通过开展专题小组活动鼓励学生发言，分享观点。专题小组主要是将几个小组的学生聚在一起，共同回答问题。

专题小组的成员可以自由讨论，并对彼此的回答或想法发表意见。下面介绍几种可以给专题小组设置的问题：

- 教师们的哪些行为能够促进你的学习？
- 你什么时候感到学习很费力？
- 你对目前正在做的事情有什么感受吗？
- 你是如何设置年度目标的？

录像日记

让学生录制视频日记是获得学生反馈的另一种方法。录像日记并不需要很复杂，举个例子，教师可以给学生一些暗示：

- 你对学校、班级想说什么？
- 你有什么需求？
- 你想从教师身上学到什么？
- 你还想添加什么？

麦金泰尔（McIntyre）、派德（Peddler）和如迪克（Rudduck）通过研究学生的录像日记得出，学生更喜欢探讨学习，并不是说他们有多狭隘或是经常抱怨学习，而是他们关注学习，想学到更多。

脱手牌

快速得到反馈的方法是运用脱手牌，即当一节课结束时，询问学生他们喜欢今天课堂中的哪个环节，对哪些内容困惑不解，以后还想对哪些地方进一步研究。可以利用T形图，左边写上今日收获，右边写上明日畅想，见表7.4，当学生意识到教师真正想听取他们的想法，并且适当地采用他们的建议时，对他们来说意义非凡。

表7.4　T形图反馈

今日收获	明日畅想

脱手牌让教师了解关于学生学习经历、学习内容和学习技能的细节问题，知道他们能够掌握的地方和需要求助的地方。教师可利用这些反馈信息检查学生的理解程度，也可以辅助制订接下来的计划和对学生进行分组。

元认知：自我反馈的关键

当不知道自己在做什么时，就说明你在做你该做的事情；当不知道选择哪条道路时，你其实是真正开始了你的旅途。思维只有进退两难时，才会知道真正想要的是哪一个，若无阻碍，小溪便不会哗哗地响。

——温德尔·贝里（Wendell Berry）

大脑思考的过程就是自己与自己对话的过程。

——柏拉图（Plato）

皮亚杰认为，有智慧的人知道，他们不知道该如何选择时，选择哪一条路是正确的。艾·科斯塔（Art Costa）认为，如果学生形成了"思维习惯"，他们就能够解决未知的问题，处理面临的困难，在早期便可以培养学生的"思维习惯"。

元认知是指自己对自己的认知过程的认知，元认知是发展科斯塔提出的"思维习惯"的关键。当学生不知所措时，元认知有助于学生厘清思路。海蒂的研究指出，元认知策略对学生学习的影响值为0.69。由安德森、科斯塔和考力克（Kallick）首次提出的16种"思维习惯"是鼓励所有年级的学生的关键技巧。养成这些"思维习惯"有助于学生解决新出现的问题，而且还能促进学生自我监测技能的养成，提高学生的自信心，反过来又巩固了"思维习惯"的养成。

由安德森、科斯塔和考力克定义的16种"思维习惯"分别如下：

• 坚持不懈：遇到困难不放弃，寻找不同的方法来达到目标；

• 管理内在冲动：行动之前先思考，保持冷静，全面和深入思考；

• 清晰而严密地思考和沟通：精确表达，避免泛泛而谈和扭曲事实；

• 用所有感知收集信息：利用所有感知密切注意身边的世界；

• 带着理解和换位思考的态度聆听：理解他人，站在他人的视角来看待其观点和情感；

• 灵活思考：换个角度想想，找到变通的方式，考虑不同的选择；

• 反思思考过程（元认知）：清楚自己的想法、策略、感觉和行动，以及对他人的影响；

• 精益求精：给自己设立高远的目标，不断地反省和找到改善的方法；

• 提出问题和解决问题：抱着提问的态度，了解自己要获得的信息，懂得如何提问，找出问题来解决；

• 运用已学知识处理新的问题：用你所学，并超越当初学习该知识时的格局，将所学运用到新的局面中来；

• 创造、创新和想象：试试不同的方法，想出新鲜和新颖的主意，具有独创性；

• 抱有好奇心和敬畏心：享受发现的乐趣，对大自然和万物存有敬畏之心；

• 敢于冒险：有冒险探索精神，挑战自己的能力，不断做出新的尝试；

• 发现幽默：善于发现有意思的事情，敢于自嘲；

• 协作思考：能够与他人合作。互相学习，有团队意识；

• 保持开放心态，不断学习：从经验中学习，谦虚低调，避免骄傲自满。

"思维习惯"倡导的反思是围绕自我反馈开展的，有效率的教师会在班级里激发学生的元认知，鼓励学生制订计划解决问题；然后，再评估该策略的有效性。花费在反思策略的时间也许会迁移到其他地方，让学生在以后的人生中变得更能够自我导向。

迪纳斯（Dignath）和巴特（Buttner）称掌握元认知策略并不是一朝一夕的事情，需要不断地反复练习，才能信手拈来。在小学阶段，将元认知作为教学的一部分确实是个极大的挑战，学生一般无法有效地运用这些策略。青少年已经达到抽象思维阶段，他们能够更加自如地运用元认知策略。将元认知策略嵌入教学过程，所有的学习者都会从中获得巨大的收益。下面介绍几种将元认知运用于课堂的方法。

元认知思考提示

元认知由3部分构成：制订计划、执行计划、评估计划。换句话说：是之前、过程中及之后3部分。

教师可以通过设计3方结构让学生思考、理解该过程。提示能够加强元识知思考，见表7.5。

表7.5 元认知思考提示

制订计划（之前）	执行计划（过程中）	评估计划（之后）
我应该怎么做？ 成功的标准有哪些？ 我能创造什么？ 我和谁一起工作？ 我需要什么帮助？	这是正确的方式吗？ 我做得怎么样？ 哪里我还不懂？ 我还需要什么帮助？ 哪些材料能对我有帮助？ 什么人能给我指点？	我按照要求做了吗？ 我做得很成功吗？ 如果再次尝试，我还能改进什么？

研究者和教育者也提到过其他提示，与任务作业有关的脱手牌及自我评估也许会有提示。一些学生在学习过程中会自言自语，然而很多同学并不如此。不断地反思能巩固元认知过程。

贝尔提供了一些可能用到的提示问题：

- 我在做什么？
- 我为什么这么做？
- 我还能用什么方式做？
- 我可以将此用到其他地方吗？
- 你如何帮助他们做这些？

贝兰卡（Bellance）和福加尔蒂（Fogarty）提出了以下反思策略，这些是由贝兰卡的五年级教师波特（Potter）夫人的策略衍生出来的。

- 你需要完成什么？
- 你在哪些方面做得好？
- 如果再做一遍，你会如何改进？
- 你需要什么样的帮助？

皮·博诺称一些提示可在学习任务或作业完成之后适用。

加

- 主要思想是有意义的，因为……
- 这与我知道的……相符
- 我原来从不知道……
- 这激发了我思考……

减

- 我不同意……
- 这与我知道的相悖……
- 我的问题是……
- 我关注的是……

有趣的

- 我从没这样想……
- 这是不是意味着……
- 这对我来说是个新的……

还有一些其他的提示，如下：

思考提示

- 我猜想……

- 让我困惑的是……

- 我好奇的是……

- 这让我想起了……

- 我感兴趣的是……

- 我感觉……

- 如果……发生,结果会……

元认知提示

- 你为什么运用……

- 你在什么地方运用……

- 你怎样运用……

- 你是怎样运用和修改的。

自我内言

　　自我内言就是学生在学习过程中出现的自言自语,这有助于提高学生的自律能力,在学生自言自语时,思考变得更具可视性。根据海蒂的元认知,自言自语和自我质疑对学生学习的影响值为0.64。

　　教师经常将此称为"自我言语",这就类似倾听别人在想什么。教师与学生不同,教师需要在学习的过程中或展示技能时大声说出来,以便学生能够听清楚其中的细节。这便为学生在读或思考过程中提供了范例。

回顾策略

　　在一节课或一个活动结束后,教师经常会问:"告诉我,你解决了什么问题?""你脑子里现在在想什么?"一些学生无法回答这类问题,或一时紧张而回答不出。而有些学生在阅读时走神了，仅仅是眼睛在动，大脑没有理解或认知。

有时候学生仅仅需要一分钟的时间整理思绪，如果学生真的忘了，他可以采用回顾策略。回顾策略是指学生先回顾那些因走神或其他情况而忘掉的知识点，然后再赶进度。

回顾策略不仅仅是依靠讨论让学生再次复习遗漏的知识点，还为学生注入发展型思维意识，即让他们知道通过努力便能赶上其他同学。

直角

直角是帮助学生反思的辅助图形，有助于学生厘清思路。直角有利于学生从事实层面和理解层面看待问题或概念。这是图形先行者的一种，既适合个人，又适合小型协作小组。除此之外，还可以作为识字工具。直角策略可提高学生的推理思维能力。学生会先从资料中提取重要的信息，然后根据这些信息阐述自己的观点。

适合用直角的几个步骤

- 阅读或浏览与目前正在学习的单元相关的信息、资料；
- 要求学生标记文中的重要信息；
- 画一个直角，见图7.2，小组一同讨论信息，之后小组的某个成员代表整个小组写下讨论得出的重要信息或问题；
- 根据小组全体成员提供的提示或提出的问题，围绕观点和问题进行头脑风暴；
- 最后，让小组成员谈谈观点及个人感受。

学生还可以参与其他小组的活动,可以一同讨论思考过程,如,你正在做什么?如何起作用?通过与其他小组的交流互动,也能够提高学生的元认知技能。

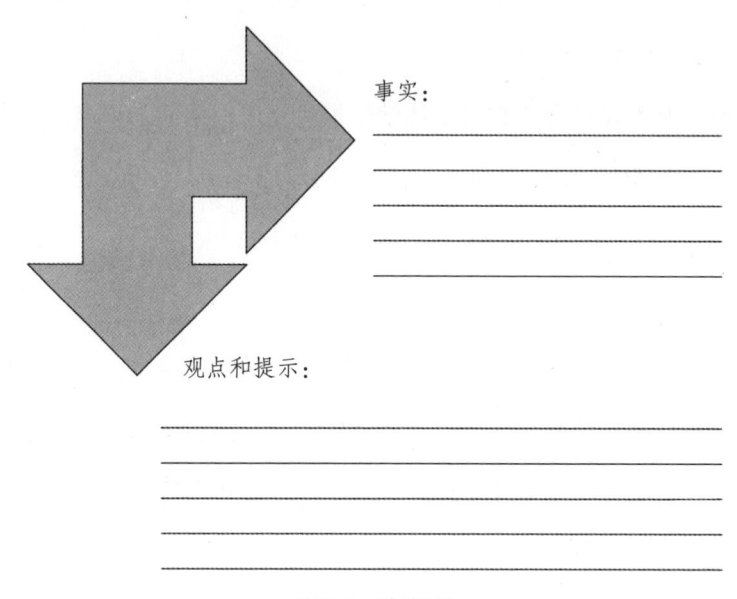

事实:

观点和提示:

图7.2　直角图

正念

正念是元认知的一种,在艾米·萨尔兹曼(Amy Saltzman)的著作《正念:教师的向导》(*Mindfulness:A Guide for Teacher*)中强调,教师时刻提醒学生要集中注意力,但通常不会专门教学生如何集中注意力。在萨尔兹曼上小学时,他记得为了让老师觉得自己已经准备好了,总是坐得挺直,脚放在地上,两手交叉放在书桌上,眼睛看向老师。记得当时身体已准备好,看起来很温顺、很听话,但不确定自己是否真的注意力集中。正念是你对内在环境及外在环境两方面集中注意力的能力。正念行为需要一点时间将情绪和思维准备好。研究表明，教授小学至高中学生正念策略能帮助儿童及青少年提高注意力、社交能力、学习能力及执行力。

正念在一些领域相当有价值，这些领域包括更好地了解自己的情感、身体健康状况、心理健康状况。在皮亚杰提出的儿童思维发展理论中，我们很多人都达不到形式运算阶段水平，很多成年人不会利用元认知策略。造成这一现象的原因是从来没有人教我们，而且可供大脑休息的时间少之又少，大脑需要一定的休息才能更好地运转，才能更清楚地厘清思路，做出理智的决定。

学生的日常学习安排得很紧，他们很少去质疑或反思自己做什么以及为什么这样做。一些学生在遇到困难时，根本不知道怎样下手，也不知道该采用何种策略解决问题。正念及其他介绍过的自我反馈能够帮助学生独立思考、连接新旧知识，并提高他们的自信。

总　结

反馈是教师激发学生学习最常用的方法之一，传统的反馈类型包括宽泛的反馈、成绩等级反馈和表扬反馈，但研究证明，这些反馈类型并不是最有效的，及时且有针对性的教学反馈能帮助学生理解学习目标、进行头脑风暴，找出解决问题的方案，教师还应鼓励同伴反馈和自我反馈，培养学生的自我评估能力。

讨论点

• 讨论学习过程中反馈的意义，为什么反馈是激发学生学习并激励学生前进的动力？

• 讨论表扬在发展学生自我测评能力上有什么积极意义和消极意义？

• 关于反馈，海蒂认为反馈主要有3种类型：任务反馈、过程反馈和自我反馈。列举一些这3类反馈的提示信息。

• 阅读并讨论我们如何确保将注意力放在培养学生的发展型思维模式上。

• 讨论表7.2列举的针对性反馈类型，你给学生的反馈包不包括这几类？

• 讨论有效地反馈信息与教师表达清晰度之间的关系，你会采用何种措施提高反馈的质量和清晰度？

• 你如何利用学生的需求、爱好调整自己的教学策略，并给出合适的反馈？

• 同伴反馈很重要，在保持同伴反馈的质量和准确度方面，需要考虑什么？

• 讨论课堂上学生发言的重要性。

• 你怎样收集学生的反馈？你还有一些其他的策略吗？

• 讨论8个理想类型以及它们对教师和学生的影响。

• 讨论在学生反思他们的学习、进步和反馈时，元认知的必要性。16种"思维习惯"，你觉得哪一种或哪几种最适合你的学生？

• 在学习前、学习过程中及学习后元认知的提示信息。

• 你认为最能激活元认知的策略是什么？

第八章 结语

每一个学生都应该有一位有耐心、能激发学生内在学习动机的教师，应该有一位以教学为己任、不断改进教学方法的教师。知识渊博的专家及教师与更具有热情和爱心、有能力设计合适的学习任务的教师相比，后者更能激发学生思考，促进学生学习。

优秀的教师总是热情满满、精力充沛地投身于教学，目的只有一个：把学生教育好。他们会想方设法地提高学生的思维能力和解决问题的能力。他们会随时监控学生对概念和技能的掌握情况，并及时给予反馈，提高学生学习的效率。

以学生为中心

擅长激发学生的教师一般都是以学生为中心，与其他思想相比，此时所讲的以学生为中心并不是说教师不重要，而是说设计的任务、采用的策略要以学生学习为中心展开。以学生为中心的学习对学生学习的影响值为0.64。该影响力处于学生认知成果和以个人为中心的变量间。而行为及情感影响因素对学生学习的影响值为0.70，专业术语叫作促进关系。以学生为中心的教师会积极主动地观察每个学生在学习中的参与度，他们与学习目标之间的距离，以及他们的进步情况。

以学生为中心的教师一般对学生热情、信任学生和有同感能力。热情指热爱学生、包容学生、接纳学生、尊重学生及关怀学生。信任是指教师理解学生的观点、看法，并站在他们的角度思考问题，相信学生能够处理好问题。同感能力是指对学生所遇到的挫折和沮丧感同身受，能够理解他们。这3种个人素养，能够给学生创造一种和谐、安全、可发挥的空间，使学生的大脑活跃。

作为教师，我们要为学生创造希望，帮助他们设置合适的目标，在他们遇到挫折时，给予精神和资源支持，激励学生采用多种方法完成目标，适当地分享成功，培养学生积极的心态。

基于个人或内在标准的目标设置比强加给学生的目标更有完成的欲望，也更能激励学生。帮助学生设置延伸目标，并监督其完成，比只让学生尽自己最大的努力要好多了。借助录像带和杂志培养学生用积极阳光的声音"自言自语"也十分重要。加强同伴间的互动以及分享他人如何克服困境和挑战的故事，有利于培养学生积极健康的心态，还要培养学生的发展型思维，要让他们相信条条大路通罗马，努力比天分更重要。在遇到自己解决不了的问题时，要学会主动寻求帮助。

学生想要的教师类型

杜福尔（Dufour）和埃克（Eaker）总结了一些学生想要的教师类型：

• 具有超强的感染力；

• 清楚自己要达到什么样的教学目标；

- 知道怎么用学生的语言和我们交流；

- 信任自己，给我信心；

- 热情满满，让你无法抗拒；

- 从不放弃，执着；

- 极具挑战性，能让挑战变得十分有趣；

- 精力充沛，每一个细胞都能感染你上进。

之前已经讨论过鼓舞人心的、热情的、激发灵感的教师对学生的影响。这些素质加深了人们对教师成为变革推动人的印象。当然这也取决于教师与学生交流过程中展现出来的发展型思维模式，让学生知道他们能通过努力变得更有能力、更出色，相信智力是可以通过后天的努力提高的，教师没有必要讲得太多或提醒得太多，但学生应该有能力判断知识间的联系以及他们的学习水平。

威尔逊和科比特调查了一些在学校表现得不太好的学生，询问了他们对教师的看法。他们的回答在意料之中，他们觉得一些教师放弃了他们，没有耐心帮助他们，也不鼓励他们。他们希望在学校遇到有以下6种素质的教师：

- 能够与他们一起完成学习任务；

- 管理课堂时，就事论事，不扩大；

- 能够一直给予帮助，在困惑时能够指点迷津；

- 希望教师一直耐心指导，直到学生恍然大悟；

- 采用多种方法、多元化教学策略；

- 关心他们，理解他们。

一旦停止学习，你就老了，不管你是28岁，还是80岁，只要不停止学习，你就永远年轻。

——亨利·福特（Henry Ford）

家长与发展型思维模式

父母是否知道发展型思维模式的概念很重要，尤其是表扬对孩子的影响。夸赞孩子聪明，跟夸赞孩子会呼吸一样。事实上，这样的赞美对孩子的智力发展是有害无利的，因为一味夸赞孩子聪明会让孩子不重视克服困难的毅力的培养，以及其他与智力无关的因素培养，如耐心等。

德韦克强调，我们要在学习过程中，也就是还未达到目标时，培养学生"还不到时候"的概念。教师需要在学习过程中，下意识地培养孩子的毅力。教师还需要让孩子意识到大脑的发育和努力与锻炼是分不开的，就如一位击球手想变得更出色，需要不断地练习击球。也可以让学生体验当他们激活探寻系统时，多巴胺的释放所带来的动力，从而不断地向目标前进。

德韦克在纽约开展的实验，再次证明努力和练习的重要性。她把受试人分为两组，给其中一组的评价是"你真聪明"；给另一组的评价是"你的努力成就了你的成功"。研究发现，被赞扬聪明的那一组更倾向于选择不太具有挑战的任务或测验题目，因为他们想继续留给他人"聪明的孩子"的印象。他们在面对挑战或困难时，也容易放弃，因为在他们眼中，如果自己足够聪明便可解决问题了，如果解决不了问题，就是不够聪明，一旦他们遇到困难，就会变得很沮丧，而且将责任推到他人身上。此时他们经常选择放弃，缺乏毅力。

若教育仅仅关注学生分数和考试等级，那么教育理念与教育理想就被忽视了，就达不到教育的目的了。如果过分强调整齐划一，用设置过于严格的课程提高学生分数的话，会产生很多消极后果。

合　作

海蒂为提高学生学业成绩提出的其中一个建议就是教师不要单打独斗，而是共同协作，共同教育学生。

为了学生，教师以及学校领导需要共同协作，共同营造一种学术氛围，为学生获得更大成功而不懈奋斗。

海蒂称这并不是要求教师达到理想标准，而是说所有的教师在协作后，都能像优秀教师那样影响学生，促进学生的学习。就好像去医院，在现有激光技术下，没有谁愿意再用解剖刀去治疗。教师们应该一起分析学生数据，讨论学生学习中出现的主要问题，研究并分享策略，制订学习计划。

其中一个对学生最有影响力的因素是对学生抱有高期望，无论其处于哪个年级都适用。你期待什么就会取得怎样的成就，一些教师在心里将学生分好几个期待等级，如低期待、中度期待和高期待。我们都听过一位教师的故事，这位教师告诉学生，蓝色眼球的学生在学校表现得好，而棕色眼球的学生表现欠佳。尽管经过对比，这没有什么科学依据，但是这是一种自以为是的预言。

下面介绍一些海蒂提出的能够加速学生成长的因素：

- 合作评估对教师的影响，影响值为0.93；
- 按照成功标准设置目标，影响值为0.77；
- 信任的建立和接受错误，影响值为0.72；
- 提供有质量的反馈，影响值为0.72；
- 有效权衡浅层次学习和深层次学习，影响值为0.71；
- 提供合适的挑战，为达到成功有目的地锻炼，影响值为0.60。

所有学生达到学习目标的唯一途径是全体教师一同协作。学校的目的不是教学，而是让学生去学。因此有必要让教师们一起讨论他们的教学经验和步骤，不断提高教学的有效性，尽量采用多元化教学策略，多种途径解决问题，共同指导需要教育干预的学生。教师协作比教师单打独斗对学生的影响要深远得多，共同协作后，教师不再将学生分成我的学生和其他班级的学生，而是将所有学生看作自己的学生。除了一同分析数据外，还能一同讨论什么人或什么事需要格外注意。教师还可以探讨以下问题：

- 我们想要学生知道什么？怎么让学生知道？
- 他们怎样展现自己的能力？
- 如果他们表现欠佳，我们如何干预？
- 我们怎样用收集的信息来提高学生的学习成绩，并提高教师的教学能力？

讨论不仅对学生学习成绩的提高是一种十分有效的策略，对教师获得经验也十分有效。

教师有必要在教学后反思自己的教学行为，我们若想从经历中学到经验，必须要学会反思。以下几个问题在与他人协作时反思比单独反思更有效果：

- 我们如何知道这样可行？
- 我们是如何对比"这个"与"那个"的？
- 这样学习有什么优点，这样学习的价值是什么？
- 什么样的证据能让我们彻底相信自己是错误的？
- 什么证据能表明该项目比其他项目好？
- 如何使用已决定采用的策略，如何使之更有效果？
- 我们是否对进展有共识？

微格教学

微格教学对学生学习有巨大的影响，影响值为0.88。

微格教学包括教师对自己上课情况进行录像，然后观看自己的表现以及学生的表现。这有助于教师从学习者的角度观看整堂课。通过观察自己的录像课，教师可以知道哪些策略用得不足，哪些策略用得过多。比如，独白和对话的使用量，以及反馈使用的层次和类型。

希望和自我认知

擅长激发学生灵感的教师往往也会向学生传达希望。斯奈德等人把希望定义为现实目标，内心产生的动力和能量，对自己能够取得成功充满信心。

如果教师努力让学生看到希望，便会对学生的学习甚至一生都有巨大的影响。研究表明，看到希望的学生能获得很多益处：

- 获得更多的成就；

- 人际关系更好；

- 更具有创造力；

- 有更强的问题解决能力。

研究还显示，抱有希望的学生消极或焦虑的可能更小，而且更乐意上学，上学时间比无希望的学生久。有希望的学生还对生活持有积极的态度，自我价值感更强。除此之外，还表现出更有勇气和动力。

科学家们告诉我们，希望不只是幻想，希望包括以下几种特质：有明确可行的目标，有完成目标的多种方法，维持乐观的视角，运用自言自语的策略，遇到困难时保持动力、继续前行。

既然我们会越来越好，那么我们为什么不在自己选择的领域和自己热爱的领域越来越好呢？正如大多数教师的目的是学生的成功。

幸运的是，本书介绍过的一些策略、想法及长期目标将激发学生学习，使之对所有人可见，最终使每个人都能成功。

参考文献

Absolum, M., Flockton, L., Hattie, J. A. C., Hipkins, R., & Reid, I. (2009). *Directions for assessment in New Zealand*. Wellington, NZ: Ministry of Education.

Achor, S. (2010). *The happiness advantage: The seven principles of positive psychology that fuel success and performance at work*. New York: Crown.

Achor, S. (2013). *Before happiness: The 5 hidden keys to achieving success, spreading happiness, and sustaining positive change*. New York: Crown.

Adams, G., & Engelmann, S. (1996). *Research on direct instruction: 25 years beyond DISTAR*. Seattle, WA: Educational Achievement Systems.

Ainsworth, L. (2003a). *Power standards: Identifying the standards that matter most*. Englewood, CO: Lead + Learn Press.

Ainsworth, L. (2003b). *"Unwrapping" the standards: A simple process to make standards manageable*. Denver, CO: Advanced Learning Press.

Ainsworth, L. (2011). Keynote address, Rigorous Curriculum Design conference, April.

Ainsworth, L. (2015). *Common formative assessments 2.0*. Thousand Oaks, CA:Corwin.

Ainsworth, L., & Viegut, D. (2006). *Common formative assessments: How to connect standards-based instruction and assessment*. Thousand Oaks, CA: Corwin.

Alexander, R. J. (2008). *Essays on pedagogy*. New York: Routledge.

Alexander, R. J. (2008). *Towards dialogic teaching: Rethinking classroom talk* (4th ed.).York, UK: Dialogos.

Alfassi, M., Weissa, I., & Lifshitza, H. (2008). *The efficacy of reciprocal teaching in fostering the reading literacy of students with intellectual disabilities*. Oxford: Routledge.

Allaine, J. K., & Eberhardt, N. C. (2009). *Rti: The forgotten tier—a practical guide for building a data-driven tier 1 instructional process*. Stockton, KS: Rowe.

Amborse, S. A., Bridges, M. W., DiPietro, M., Lovett, M. C., & Norman, M. K.(2010). *How learning works: Seven research-based principles for smart teaching*. San Francisco: Jossey Bass.

Ameri Corps. (2001). Tutoring Outcomes Study, AbT Associates, Corporation for National and Community Service, February. http://www.abtassociates.com/reports/tutoring_0201.pdf

Amitay, S., Irwin, A., & Moore, D. (2006). Discrimination learning induced by training with identical stimuli. *Nature Neuroscience, 9,* 1446–1448.

Anderman, L. H., & Anderman, E. M. (1999). Social predictors of changes in students' achievement goal orientations. *Contemporary Educational Psychology, 25,* 21–37.

Anderson, L., Krathwohl, D., Airasian, P., . . . Wittrock, M. (2001). *A taxonomy for learning, teaching and assessment: A revision of Bloom's taxonomy of educational objectives*. New York: Longman.

Anderson, T. H., & Armbruster, B. B. (1984). Studying. In P. D. Pearson, R. Barr, M. L. Kamil, & P. Mosenthal (Eds.), *Handbook of reading research* (pp. 657–679). New York: Longman.

Antil, L. R., Jenkins, J. R., Wayne, S. K., & Vadasy, P. F. (1998). CL: Prevalence, conceptualizations, and the relation between research and practice. *American Educational Research Journal, 35,* 419–454.

Armstrong, J. S. (2012). Natural learning in higher education. In *Encyclopedia of the sciences of learning*. Heidelberg: Springer

Armstrong, T. (2006). *The best schools: How human development research should inform educational practice.* Arlington, VA: ASCD.

Aronson, E. (1978). *The jigsaw classroom*. Beverly Hills, CA: Sage.

Aronson, J., & Steele, C. M. (2005). Stereotypes and the fragility of human competence, motivation, and self-concept. In C. Dweck & E. Elliot (Eds.), *Handbook of competence and motivation*. New York: Guilford.

ASCD. (n.d.). Visuals. http://www.ascd.org/ASCD/pdf/journals/ed_lead/el200809_smith_pptpresentation.pdf.

Atkinson, R. K., & Renkl, A. (2007). Interactive example-based learning environments: Using interactive elements to encourage effective processing of worked examples. *Educational Psychology Review, 19,* 375–386.

Ausubel, D. P. (1968). *Educational psychology: A cognitive view.* New

York: Holt, Rinehart, & Winston.

Bandura, A. (1986). *Social foundations of thought and action: A social cognitive theory*. Englewood Cliffs, NJ: Prentice-Hall.

Bandura, A. (1997). *Self-efficacy: The exercise of control*. New York: W. H. Freeman.

Barkley, F. E., Cross, K. P., & Major, C. H. (2005). *Collaborative learning techniques: A handbook for college faculty*. San Francisco: Jossey-Bass.

Barr, A. S. (1958). Characteristics of successful teachers. *Phi Delta Kappan, 39,* 282, 284.

Battistich, V., Schaps, E., & Wilson, N. (2004). Effects of an elementary school intervention on students'"connectedness" to school and social adjustment during middle school. *The Journal of Primary Prevention, 24*(3), 243–262.

Baumeister, R. F., & Leary, M. R. (1995). The need to belong: Desire for interpersonal attachments as a fundamental human motivation. *Psychological Bulletin, 117*(3), 497–529.

Bellanca, J., & Fogarty, R. (1986). *Catch them thinking: A handbook of classroom strategies*.Arlington Heights, IL: IRI Skylight Training and Publishing.

Bellanca, J., & Fogarty, R. (2003). *Blueprints for achievement in the cooperative classroom* (3rd ed.). Thousand Oaks, CA: Corwin.

Bennett, B., & Rolheiser, C. (2001). *Beyond Monet: The artful science of instructiona lintegration*. Toronto: Author.

Bennett, B., Rolheiser, C., & Stevhan, L. (1991). *Cooperative learning: Where heart meets mind.* Toronto: Educational Connections.

Berndt, T. J. (2004). Children's friendships: Shifts over a half century in perspectives on their development and their effects. *Merrill Palmer Quarterly, 50,* 206–223.

Berry, D., & O'Connor, E. (2009). Behavioral risk, teacher–child relationships, and social skill development across middle childhood: A child-by-environment analysis of change. *Journal of Applied Developmental Psychology, 31*(1), 1–14.

Beyer, B. (1987). *Practical strategies for the teaching of thinking.* Boston: Allyn &Bacon.

Biggs, J., & Tang, C. (2007). *Teaching for quality learning at university.* Maidenhead: Open University Press/McGraw Hill.

Biggs, J. B., & Collis, K. F. (1982). *Evaluating the quality of learning—the SOLO taxonomy.* New York: Academic Press.

Birch, S. H., & Ladd, G. W. (1997). The teacher–child relationship and children's early school adjustment. *Journal of School Psychology, 35*(1), 61–79.

Black, P., & Wiliam, D. (1998a). Assessment and classroom learning. *Assessment in Education: Principles, Policy & Practice, 5*(1), 7–74.

Black, P., & Wiliam, D. (1998b). Inside the black box: Raising standards through classroom assessment. *Phi Delta Kappan*, October.

Black, P., & Wiliam, D. (2009). Developing the theory of formative assessment. *Educational Assessment, Evaluation and Accountability, 21*(1), 5–31.

Black, P., Harrison, C., Lee, C., Marshall, B., & Wiliam, D. (2004). Working inside the black box: Assessment for learning in the classroom. *Phi Delta Kappan, 86*(1), 9–21.

Bloom, B. S. (Ed.) (1956). *Taxonomy of educational objectives. Handbook 1: Cognitive domain.* New York: David McKay.

Blundell, N. (1980). *The world's greatest mistakes.* Portland, OR: Octopus Books.

Bradbury, T., and Greaves, J. (2009). *Emotional intelligence 2.0.* San Diego: Talent Smart.

Brady, M., & Tsay, M. (2010). A case study of cooperative learning and communication pedagogy: Does working in teams make a difference? *Journal of the Scholarship of Teaching and Learning, 10*(2), 78–89.

Bransford, J. D., Brown, A. L., & Cocking, R. R. (Eds.) (2000). *How people learn: Brain, mind, experience, and school.* Washington, DC: National Academy Press.

Brooks, R., & Goldstein, S. (2008). The mindset of teachers capable of fostering resilience in students. *Canadian Journal of School Psychology, 23,* 114–126.

Brophy, J. (1981). Teacher praise: A functional analysis. *Review of Educational Research, 51,* 5–32.

Brown, A. L. (1980). Metacognitive development and reading. In R. S. Spiro, B. B. Bruce, & W. L. Brewer (Eds.), *Theoretical issues in reading comprehension.* Hillsdale, NJ: Erlbaum.

Brown, B. (2005). Adolescent relationships with their peers. In R. M. Lerner and L. Steinberg (Eds.), *Handbook of adolescent psychology*. Hoboken, NJ: Wiley.

Brown, D. (2003). Urban teachers' use of culturally responsive management strategies. *Theory into Practice, 42*(4), 277–282.

Bryk, A. S., & Schneider, B. L. (2002). *Trust in schools: A core resource for improvement*. New York: Russell Sage Foundation.

Buhs, E. S. (2005). Peer rejection, negative peer treatment, and school adjustment: Self-concept and classroom engagement as mediating processes. *Journal of School Psychology, 43,* 407–424.

Buhs, E., Ladd, G., & Herald, S. (2006). Peer exclusion and victimization processes that mediate the relation between peer group rejection and children's classroom engagement and achievement. *Journal of Educational Psychology, 98,* 1–13.

Butler, R. (1988). Enhancing and undermining intrinsic motivation: The effects of task-involving and ego-involving evaluation on interest and performance. *British Journal of Educational Psychology, 58,* 1–14.

Butler, R., & Nisan, M. (1986). Effects of no feedback, task-related comments, and grades on intrinsic motivation and performance. *Journal of Educational Psychology, 78,* 210–216.

Caine, G., Caine, R. N., & Crowell, S. (1994). *Mindshifts: A brain-based process for restructuring schools and renewing education*. Tucson, AZ: Zephyr.

Caine, R. N., & Caine, G. (1994). *Making connections: Teaching and the human brain*. Reading, MA: Addison-Wesley.

Caine, R. N., & Caine, G. (1997). *Education on the edge of possibility.* Alexandria, VA: ASCD.

Carless, D. (2006). Differing perceptions in the feedback process. *Studies in Higher Education, 31*(2), 219–233.

Carroll, A., Houghton, S., Durkin, K., & Hattie, J. A. C. (2009). *Adolescent reputations and risk: Developmental trajectories to delinquency.* New York: Springer.

Carroll, C. W., Silva, M. C., Godek, K. M., Jansen, L. E., & Straight, A. F. (2009).Centromere assembly requires the direct recognition of CENP-A nucleosomes by CENP-N. *Nat. Cell Biol., 11,* 896–902. doi:10. 1038/ncb1899.

Carter, C. (1997). Why reciprocal teaching? *Educational Leadership, 54,* 64.

Casey, B. J. , Somerville, L. H., Gotlib, I. H., et al. (2011). From the cover: Behavioral and neural correlates of delay of gratification 40 years later. *Proceedings of the National Academy of Sciences, 108*(36), 14998–15003. doi:10.1073/pnas.1108561108.

Cawelti, G., Ed. (2004). *Handbook of research on improving student achievement* (3rd ed.). Arlington, VA: Educational Research Service.

Center on Education Policy. (2006). *A public education primer: Basic (and sometimes surprising) facts about the U.S. education system*. Washington, DC: Author.

Chan, C. Y. J. (2006). *The effects of different evaluative feedback on student's self-efficacy in learning.* Unpublished PhD, University of Hong Kong.

Charney, R. (2002). Teaching children to care: Classroom management for ethical and academic growth, K–8. Turner Falls, MA: Northeast Foundation for Children.

Chen, J. (2008). Flow in Games website. http://www.jenovachen.com/flowingames/.

Chiabetta, E. L. A. (1976). Review of Piagetian studies relevant to science instruction at the secondary and college levels. *Science Education, 60,* 253–261.

Chick, N., & Headrick Taylor, K. (2013). Making student thinking visible:Metacognitive practices in the classroom. Center for Teaching, Vanderbilt University, March 11, 2013, http://cft.vanderbilt.edu/2013/03/making-student-thinking-visible-the-impact-of-metacognitive-practice-in-the-classroom.

Clarke, S., Timperley, H., & Hattie J. (2001). *Unlocking formative assessment: Practical strategies for enhancing students' learning in the primary and intermediate classroom.* London: Hodder and Stoughton.

Cloze statements. www.schoolhousetech.com/Vocabulary/?gclid=CK-3h5rR78g CFZKIaQodhggOvw.

Cohen, K. D'A., Neir, E., Luka, J., Lenartowicz, A., Nystrom, L. E., & Cohen, J. D. (2011). Role of prefrontal cortex and the midbrain dopamine system in working memory updating. Department of Chemistry, Princeton Neuroscience Institute; Department of Molecular Biology and Department of Psychology, Princeton University; and Virginia Tech Carilion Research Institute.

Cohn, S. J., George, W. C., & Stanley, J. C. (1979). *Educating the gifted:*

Acceleration and enrichment. Baltimore: Johns Hopkins University Press.

Collins, A., Brown, J. S., & Newman, S. (1989). Cognitive apprenticeship: Teaching the craft of reading, writing, and mathematics. In L. Resnick (Ed.), *Knowing, learning and instruction: Essays in honor of Robert Glaserm* (453–494). Hillsdale, NJ: Erlbaum.

Combs, A. W. (1982). *Affective education or none at all. Educational Leadership, 39*(7), 494–497.

Cooper, B., & Cowrie, B. (2010). Collaborative Research of Assessment for Learning; *Teaching and Teacher Education, 26*(4), 979–986.

Cornelius-White, J. (2007). Learner-centered teacher-student relationships are effective: A meta-analysis. *Review of Educational Research, 77*(1), 113–143.

Costa, A., & Kallick, B. (2008). *Learning and leading with habits of mind.* Alexandria, VA: ASCD.

Covey, S. (1989). *The seven habits of highly effective people: Restoring the character ethic.* New York: Simon & Schuster.

Covili, J. (2012). *Going Google: Powerful tools for 21st century learning.* Thousand Oaks, CA: Corwin.

Cowan, G., & Cowan, E. (1980). *Writing.* New York: John Wiley.

Cowie, B., & Bell, B. (1999). A model of formative assessment in science education. *Assessment in Education, 6,* 101–116.

Crooks, T. J. (1988). The impact of classroom evaluation practices on students. *Review of Educational Research, 58*(4), 438–481.

Croninger, R. G., & Lee, V. E. (2001). Social capital and dropping out of high school: Benefits to at-risk students of teachers' support and guidance. *Teachers College Record, 103*(4), 548–581.

Csikszentmihalyi, M. (1990). *Flow: The psychology of optimal experience.* New York: Harper Collins.

Csikszentmihalyi, M. (1993). *The evolving self: A psychology for the third millennium.* New York: Harper Collins.

Damasio, A. R. (1994). *Descartes' error: Emotion, reason, and the human brain.* New York: Putnam.

Damasio, A. (2003). *Looking for Spinoza: Joy, sorrow, and the feeling brain.* Orlando, FL: Harcourt.

Daniels, D. H., & Perry, K. E. (2003). "Learner-centered" according to children. *Theory Into Practice, 42*(2), 102–108.

Darling-Hammond, L. (2006). *Powerful teacher education: Lessons from exemplary programs.* San Francisco: Jossey-Bass.

de Bono, E. (1991). The CoRT thinking program. In A. Costa (Ed.), *Developing minds: Programs for teaching thinking* (rev. ed., Vol. 2, 27–32). Alexandria, VA: ASCD.

de Bruin, A. B. H., Rikers, R. M. J. P., & Schmidt, H. G. (2007). The effect of selfexplanation and prediction on the development of principled understanding of chess in novices. *Comtemporary Educational Psychology, 32*(2), 188–205.

Dean, C. B., Hubbell, E. R., Pitler, H., & Stone, B. (2012). *Classroom instruction that works: Research-based strategies for increasing student achievement* (2nd ed.). Alexandria, VA: ASCD.

Deci, E. L., & Ryan, R. M. (1985). *Intrinsic motivation and self-determinaton in human behaviour.* New York: Plenum.

Deci, E., & Ryan, R. (Eds.) (2002). *Handbook of self-determination research*. Rochester, NY: University of Rochester Press.

Dennison, P., & Dennison, G. (1986). *Brain gym: Simple activities for whole-brain learning*. Ventura, CA: Edu-Kinesthetics.

DePorter, B., Reardon, M., & Singer-Nourie, S. (1998). *Quantum teaching.* Boston: Allyn & Bacon.

DeVillar, R. A., & Faltis, C. (1991). Organizing the classroom for communication and learning. In *Computers and cultural diversity: Restructuring for school success*(9). Albany: State University of New York Press.

Dewey, J. (1915/1956). *The child and the curriculum.* Chicago: University of Chicago Press.

Dewey, J. (1938). *Experience and education.* Indianapolis: Kappa Delta Pi.

Diamond, M. C. (1967). Extensive cortical depth measurements and neuron size increases in the cortex of environmentally enriched rats. *Journal of Comparative Neurology, 131,* 357–364.

Diamond, M., & Hopson, J. (1998). *Magic trees of the mind: How to nurture your child's intelligence, creativity, and healthy emotions from birth through adolescence.*New York: Penguin.

Diamond, M. (2001). Response of the brain to enrichment. *Annals of the Brazilian Academy of Sciences, 73,* 61.

Dignath, C., & Buttner, G. (2008). Components of fostering self-regulated learning among students. A meta-analysis on intervention studies at primary and secondary level. *Metacognition and Learning, 3,* 231–264.

Donohue, K. M., Perry, K. E., & Weinstein, R. S. (2003). Teachers' classroom practices and children's rejection by their peers. *Applied Developmental Psychology, 24,* 91–118.

Doolittle, P. E., Hicks, D., Triplett, C. F., Nichols, W. D., & Young, C. A. (2006).Reciprocal teaching for reading comprehension in higher education: A strategy for fostering the deeper understanding of texts. *International Journal of Teaching and Learning in Higher Education, 17*(2), 106–118.

Doyle, M., & Strauss, D. (1976). *How to make meetings work.* New York: Playboy.

Drubach, D. (2000). The brain explained. Upper Saddle River, NJ: Prentice-Hall.Duckworth, A. L., Peterson, C., Matthews, M. D., & Kelly, D. R. (2007). Grit: Perseverance and passion for long-term goals. *Personality Processes and Individual Differences, 92*(6), 1087–1101.

Duckworth, A. L., & Quinn, P. D. (2009). Development and validation of the Short Grit Scale (GRIT–S). *Journal of Personality Assessment, 91*(2), 166–174.

Duckworth, A. L., & Seligman, M. E. P. (2005). Self-discipline outdoes IQ in predicting academic performance of adolescents. *Psychological Science, 16,* 939–944.

DuFour, R., DuFour, R., Eaker, R., & Many, T. (2010). *Learning by doing:*

A handbook for pro fessional communities at work. Bloomington, IN: Solution Tree.

DuFour, R., & Eaker, R. (1998). *Professional learning communities at work: Best practices for enhancing student achievement.* Bloomington, IN: Solution Tree.

Duncan, N. (2007). "Feed-forward": Improving students' use of tutor comments. *Assessment & Evaluation in Higher Education, 32*(3), 271–283.

Dweck, C. S. (1999). *Self-theories: Their role in motivation, personality and development.* Philadelphia: Taylor and Francis/Psychology Press.

Dweck, C. S. (2006). *Mindset: The new psychology of success.* New York: Random House.

Dweck, C. S. (2015). Carol Dweck revists the growth mindset. *Education Week,* 35(5), 20–24.

Eber, P. A., & Parker, T. S. (2007). Assessing student learning: Applying Bloom's taxonomy. *Human Service Education, 27*(1), 45–53.

Elkind, D. (2006). *The hurried child* (25th anniversary ed.). Cambridge, MA: Da Capo Press.

Falchikow, N., & Goldfinch, J. (2000). Student peer assessment in higher education: A meta-analysis comparing peer and teacher marks. *Review of Educational Research, 70*(3), 287–322.

Fendick, F. (1990). *The correlation between teacher clarity of communication and student achievement gain: A meta-analysis.* Unpublished dissertation, University of Florida.

Ford, D. Y. (2005). Welcome all students to room 202: Creating culturally responsive classrooms. *Gifted Child Today, 28*(4), 28–30.

Freedman, J. (2007). *At the heart of leadership: How to get results with emotional intelligence.* San Francisco: Six Seconds.

Frey, N., Fisher, D., & Everlove, S. (2009). *Productive group work: How to engage students, build teamwork, and promote understanding.* Alexandria, VA: ASCD.

Fuchs, D., Fuchs, L. S., & Burish, P. (2005). Peer-assisted learning strategies: An evidence-based practice to promote reading achievement. *Learning Disabilities Research & Practice, 15*(2), 85–91.

Fullan, M. (2013a). *Stratosphere: Integrating technology, pedagogy, and change knowledge.* Toronto: Pearson.

Fullan, M. (2013b). Great to excellent: Launching the next stage of Ontario's education agenda. Retrieved from www.edu.gov.on.ca/eng/document/reports/fullan.html.

Fullan, M. (2013c). The new pedagogy: Students and teachers as learning partners. *Learning Landscapes, 6*(2), 27.

Gallagher, S. A. (1997). Problem-based learning: Where did it come from, what does it do, and where is it going? *Journal for the Education of the Gifted, 20*(4),332–362.

Galton, M., Morrison, I., & Pell, T. (2000). Transfer and transition in English schools: Reviewing the evidence. *International Journal of Educational Research 33*(4), 341–363.

Gardner, H. (2004). *Frames of mind: The theory of multiple intelligences* (20th anniversay ed.). New York: Basic Books.

Gardner, H. (2006). *Multiple intelligences: New horizons in theory and practice.* New York: Basic Books.

Gay, G. (2002). Preparing for culturally responsive teaching. *Journal of Teacher Education, 53*(2), 106–116.

Geake, J. G. (2009). *The brain at school: Educational neuroscience in the classroom.* New York: McGraw-Hill.

Gee, J. P. (2005). Learning by design: Good video games as learning machines. *E-Learning and Digital Media, 2*(1), 5–16. http://www.wwwords.co.uk/elea/.

Gee, J. P. (2012). Foreword. In C. Steinkuehler, K. Squire, & S. Barab (Eds.), *Games, learning, and society: Learning and meaning in the digital age* (Learning in Doing: Social, Cognitive and Computational Perspectives). Cambridge: Cambridge University Press.

George, W. C., Cohn, S. J., & Stanley, J. C. (1979). *Educating the gifted: Acceleration and enrichment.* Revised and expanded proceedings of the Ninth Annual Hyman Blumberg Symposium on Research in Early Childhood Education, Baltimore.

Gibbs, J. (1998). *Tribus—Spanish edition: Una nueva forma de aprender y convivir juntos.* Cloverdale, CA: Center Source Systems.

Gibbs, J. (2006a). *Reaching all by creating tribes learning communities.* Cloverdale, CA: CenterSource Systems.

Gibbs, J. (2006b). *Tribes: A new way of learning and being together.* Cloverdale, CA:Center Source Systems.

Gibbs, J. (2007). *Discovering gifts in middle school learning in a caring culture called tribes.* Cloverdale, CA: Center Source Systems.

Gibbs, J., & Ushijima, T. (2008). *Engaging all by creating high school learning communities.*Cloverdale, CA: Center Source Systems.

Giedd, J., Blumenthal, J., Jeffries, N., . . . Rappaport, J. L. (1999). Brain development during childhood and adolescence: A longitudinal MRI study. *Nature Neuroscience, 2,* 861–863.

Glasser, W. (1984). *Control theory in the classroom.* New York: Harper and Row.

Glasser, W. (1990). *Quality school: Managing students without coercion.* New York: Harper and Row.

Glasser, W. (1999). *Choice theory: A new psychology of personal freedom.* New York: Harper Collins.

Glasser, W. (2013). *Take charge of your life: How to get what you need with choice-theory psychology.* iUniverse/Author.

Glossary of Educational Reform. (2014). http://edglossary.org/scaffolding.

Goldin-Meadow, S., & Wagner, S. M. (2005). How our hands help us learn. *Trends in Cognitive Science, 9*(5), 234–241.

Goldin-Meadow, S. (2009). How gesture promotes learning throughout childhood. *Child Development Perspectives, 3*(2), 106–111.

Goldstein, R. Z., Cottone, L. A., Jia, Z., . . . Squires, N. K. (2006). The effect of graded monetary reward on cognitive event-related potentials and behavior in young healthy adults. *International Journal of Psychophysiology, 62*(2),272–279.

Goleman, D. (1995). *Emotional intelligence.* New York: Bantam Books.

Goleman, D. (2006a). Aiming for the brain's sweet spot. *New York Times* blog, May 12, 2006, http://opinionator.blogs.nytimes.com/2006/12/27/aiming-for-the-brains-sweet-spot/.

Goleman, D. (2006b). Teaching to student strengths: The socially intelligent leader.*Educational Leadership, 64*(1), 76–81.

Good, T. L., & Brophy, J. E. (1995). *Contemporary educational psychology* (5th ed.).White Plains, NY: Longman.

Gopnik, A., Meltzoff, A. N., & Kuhl, P. K. (1999). *The scientist in the crib: What early learning tells us about the mind.* New York: HarperCollins.

Gordon, W. J. J. (1961). *Synectics: The development of creative capacity.* New York:Harper & Row.

Graesser, A. C., Halpern, D. F., Hakel, M. (2008). *25 principles of learning.* Washington, DC: Taskforce on Lifelong Learning at Work and at Home. Retrieved from www.psyc.memphis.edu/learning/whatweknow/index.shtm.

Greenough, W. T., & Volkmar, F. R. (1973). Pattern of dendritic branching in occipital cortex of rats reared in complex environments. *Experimental Neurology,40,* 491–504.

Gregorc, A. (1982). *Inside styles: Beyond the basics.* Columbia, CT: Gregorc Associates.

Gregory, G. H. (2005). *Differentiating instruction with style.* Thousand Oaks, CA: Corwin.

Gregory, G. H. (2013). *Differentiated instructional strategies for professional development.* Thousand Oaks, CA: Corwin.

Gregory, G. H., & Chapman, C. (2013). *Differentiated instructional strategies: One size doesn't fit all* (3rd ed.). Thousand Oaks, CA: Corwin.

Gregory, G. H., & Kaufeldt, M. (2012). *Think big, Start small: Daily differentiation in a brain-friendly classroom.* Bloomington, IN: Solution Tree.

Gregory, G. H., & Kaufeldt, M. (2015). *The motivated brain: Improving student attention, engagement and perseverance.* Alexandria, VA: ASCD.

Gregory, G. H., & Kuzmich, L. (2005). *Differentiated literacy strategies for student growth and achievement in grades 7–12.* Thousand Oaks, CA: Corwin.

Gregory, G. H., & Kuzmich, L. (2007). *Teacher teams that get results: 61 strategies for sustaining and renewing professional learning communities.* Thousand Oaks, CA: Corwin.

Gregory, G. H., & Kuzmich, L. (2010). *Student teams that get results: Teaching tools for the differentiated classroom.* Thousand Oaks, CA: Corwin.

Gregory, G. H., & Kuzmich, L. (2014). *Data driven differentiation in the standards based classroom* (2nd ed.). Thousand Oaks, CA: Corwin.

Gregory, G. H., & Parry, T. (2006). *Designing brain-compatible learning* (rev. ed.). Thousand Oaks, CA: Corwin.

Gurian, M. (2001). *Boys and girls learn differently: A guide for teachers and parents.* San Francisco: Jossey-Bass.

Hallowell, E. (2011). *SHINE: Using brain science to get the best from your people.* Boston: Harvard Business Review Press.

Hamre, B., & Pianta, R. (2001). Early teacher–child relationships and the trajectory of children's school outcomes through eighth grade. *Child Development, 72,* 625–638.

Harelli, S., & Hess, U. (2008). When does feedback about success in schools hurt?The role of causal attributions. *Social Psychology in Education 11,* 250–272.

Hart, L. (1983). *Human brain and human learning.* New York: Longman.

Haskins, W. (2000). Ethos and pedagogical communication: Suggestions for enhancing credibility in the classroom. *Current Issues in Education, 3*(4).

Hastie, S. (2011). *Teaching students to set goals: Strategies, commitment and monitoring.Unpublished doctoral dissertation,* University of Auckland, New Zealand.

Hattie, J. (2009). *Visible learning.* New York: Routledge.

Hattie, J. (2012). *Visible learning for teachers: Maximizing impact on learning.* New York: Routledge.

Hattie, J. (2015). *What works best in education: The politics of collaborative expertise.* London: Pearson.

Hattie, J., & Timperley, H. (2007). The power of feedback. *Review of Educational Research, 77*(1), 81–112.

Hattie, J., & Yates, G. (2014). *Visible learning and the science of how we learn.* New York: Routledge.

Haystead, M. W., & Marzano, R. J. (2009). *Meta-analytic synthesis of studies conducted at Marzano Research Laboratory on instructional strategies.* Englewood,CO: Marzano Research Laboratory.

Hebb, D. (1949/2002). *The organization of behaviour: The neuropsychological theory.* Mahwah, NJ: Erlbaum.

Heritage, H. M., Kim, J., & Vendlinski, R. (2008). *Measuring teachers' mathematical knowledge for teaching* (SCE Technical Report in Preparation). Los Angeles: Center for the Study of Evaluation and National Center for Research on Evaluation, Standards, and Student testing.

Higgins, R., Hartley, P., & Skelton, A. (2001). Getting the message across: The problem of communicating assessment feedback. *Teaching in Higher Education, 6*(2),269–274.

Hill, S., & Hancock, J. (1993). *Reading and writing communities.* Armadale, Australia: Eleanor Curtain Publishing.

Hirschy, A. S., & Braxton, J. M. (2004). Effects of student classroom incivilities on students. *New Directions for Teaching and Learning, 99,* 67–76.

Holroyd, C. B., Larsen, J. T., & Cohen, J. D. (2004). Context dependence of the event-related brain potential associated with reward and punishment. *Psychophysiology, 41*(2), 245–253.

Hord, S., Rutherford, W. I., Huling-Austin, I., & Hall, G. E. (1987). *Taking charge of change.* Alexandria. VA: ASCD.

Huang, Z. (1991). *A meta-analysis of student self-questioning strategies.* Unpublished PhD dissertation, Hofstra University, New York.

Hunter, M. (1967). *Teach more—faster!* El Segundo, CA: TIP Publications.

Hunter, M. (1982). *Mastery teaching: Increasing instructional effectiveness in elementary, secondary schools, colleges, and universities.* Thousand Oaks, CA: Corwin.

Hunter, R. (2004). *Madeline Hunter's mastery teaching: Increasing instructional effectiveness in elementary and secondary schools* (rev. ed.). Thousand Oaks, CA: Corwin.

Hythecker, V. I., Dansereau, D. F., & Rocklin, T. R. (1988). An analysis of the processes influencing the structured dyadic learning environment. *Educational Psychologist, 23,* 23–37.

Inoue, N. (2007). Why face a challenge? The reason behind intrinsically motivated students' spontaneous choice of challenging tasks. *Learning and Individual Differences, 17*(3), 251–259.

Jagust, W. J., & Budinger, T. F. (1992). New neuroimaging techniques for investigating of brain-behavior relationships. *Nida Res Monogr, 124,* 95–115.

Jensen, E. (1998). *Teaching with the brain in mind.* Alexandria, VA: ASCD.
Johnson, D., Johnson, R., & Holubec, E. (1998). *Cooperation in the classroom.* Edina, MN: Interaction.

Johnson, D. W. (1981). Student-student interaction: The neglected variable in education, *Educational Researcher, 10,* 5–10.

Johnson, D. W., & Johnson, R. (1981). Effects of cooperative and individualistic learning experiences on interethnic interaction. *Journal of Educational Psychology, 73,* 454–459.

Johnson, D. W., & Johnson, R. T. (1989). *Cooperation and competition: Theory and research.* Edina, MN: Interaction.

Johnson, D. W., & Johnson, R. T. (1994). An overview of cooperative learning. In J. Thousand, A. Villa and A. Nevin (Eds.), *Creativity and collaborative learning.* Baltimore: Brookes.

Johnson, D. W., & Johnson, R. (2009). An educational psychology success story: Social interdependence theory and cooperative learning. *Educational researcher, 38*(5), 365–379.

Johnson, D. W., Johnson, R. T., & Sharan, S. (1990). Cooperative learning and achievement. In S. Sharan (Ed.) *Cooperative learning: Theory and research* (23–37). New York: Praeger.

Johnson, D. W., Johnson, R., & Smith, K. (1996). *Academic controversy: Enriching college instruction through intellectual conflict.* ASHE-ERIC Higher Education Report, Vol. 25, No. 3. Washington, DC: The George Washington University, Graduate School of Education and Human Development.

Johnson, D. W., Johnson, R. T., & Smith, K. (1998). Cooperative learning returns to college: What evidence is there that it works? *Change,* July-August, 27–35.

Johnson, D. W., Johnson, R. T., & Smith, K. A. (1991). *Active learning: Cooperation in the college classroom.* Edina, MN: Interaction.

Jones, C. (1994). *Mistakes that worked: 40 inventions and how they came to be.* New York: Delacorte.

Joyce, B., & Showers, B. (2002). *Student achievement through staff development* (3rd ed.). Alexandria, VA: ASCD.

Kagan, S. (1991). *Cooperative learning: Resources for teachers*. Laguna Niguel, CA: Resources for Teachers.

Kagan, S. (1992). *Cooperative learning*. San Clemente, CA: Kagan Publishing.

Kagan, S. (1995). *We can talk: Cooperative learning in the elementary ESL classroom*. Eric Clearinghouse on Language and Linguistics, ED382035.

Kalkowski, P. (1995). *Peer and cross-age tutoring*. School Improvement Research Series. http://www.nwrel.org/scpd/sirs/9/c018.html.

Kaplan, F., & Oudeyer, P. Y. (2007). In search of the neural circuits of intrinsic motivation. *Frontiers in Neuroscience, 1*(1), 225–236. doi: 10.3389/neuro.01/1.1.017.2007.

Kaplan, S., Gould, B., & Siegel, V. (1995). *The flip book*. Educator to Educator.

Kessels, U., Warner, L. M., Holle, J., & Hannover, B. (2008). Threat to identity through positive feedback about academic performance. *Zeitschrift fur Entwicklungspsychologie und Padagogische Psychologie, 40*(1), 22–31.

Kirby, E. D., Muroy, S. E., Sun, W. G., . . . Kaufer, D. (2013). Acute stress enhances adult rat hippocampal neurogenesis and activation of newborn neurons via secreted astrocytic FGF2. doi: http://dx.doi.org/10.7554/eLife.00362.

Klem, A. M., & Connell, J. P. (2004). Relationships matter: Linking teacher support to student engagement and achievement. *Journal of School Health, 74*(7), 262–273.

Kohn, A. (1993/1999). *Alfie: Punished by rewards.* Boston: Houghton Mifflin.

Kohn, A. (2014). The myth of the spoiled child: Challenging the conventional wisdom about children and parenting. *EdWeek, 34*(3), 25.

Kohn, A. (2004). Challenging students . . . and how to have more of them. *Phi Delta Kappan,* November.

Koutselini, M. (2009). Teacher misconceptions and understanding of cooperative learning: An intervention study. *Journal of Classroom Interaction, 43*(2), 34–44.

Krashen, S. (1982). *Principles and practice in second language acquisition.* Oxford: Pergamon Press.

Kulik, C. L. C., & Kulik, J. A. (1984). *Effects of ability grouping on elementary school pupils: A meta-analysis.* Paper presented at the Annual Meeting of the American Psychological Association, Toronto.

Kunsch, C. A., Jitendra, A. K., & Sood, S. (2007). The effects of peer-mediated instruction in mathematics for students with learning problems: A research synthesis. *Learning Disabilities Research and Practice, 22,* 1–12.

LaFrance, M (2011). *Lip service: Smiles in life, death, trust, lies, work, memory, sex and politics.* New York: Norton.

Langer, F. J. (1989). *Mindfulness.* Reading, MA: Addison-Wesley.

Langer, R. (1989). Biomaterials in Controlled Drug Delivery: New perspectives from biotechnological advances. *Pharm. Techn., 13,* 22–30.

Leahy, S., Lyon, C., Thompson, M., & Wiliam, D. (2005). Classroom assessment: Minute-by-minute and day-by-day. *Educational Leadership, 63*(3), 18–24.

Levin, B. (2008). *How to change 5000 schools.* Cambridge, MA: Harvard Education Press.

Levine, M. (1990). *All kinds of minds.* Cambridge, MA: Educators Publishing Service.

Levy-Tossman, I., Kaplan, A., & Assor, A. (2007). Academic goal orientations, multiple goal profiles, and friendship intimacy among early adolescents. *Contemporary Educational Psychology, 32,* 231–252.

Lie, A. (2008). *Cooperative learning: Changing paradigms of college teaching.* http://faculty.petra.ac.id/anitalie/LTM/cooperative_learning.htm.

Locke, E. A., & Latham, G. P. (1990). Building a practically useful theory of goal setting and task motivation: A 35-year odyssey. *American Psychologist, 57*(9),705–717.

Loh, K. K., & Kanai, R. (2014). High media multi-tasking is associated with smaller gray-matter density in the anterior cingulate cortex. *Plos One,* September 24.

Lou, Y., Abrami, P. C., & d'Apollonia, S. (2001). Small group and individual learning with technology: A meta-analysis. *Review of Educational Research, 71*(3), 449–521.

Lou, Y., Abrami, P. C., Spence, J. C., Poulsen, C., Chambers, B., & d'Appolonia, S.(1996). Within-class grouping: A meta-analysis. *Review of Educational Research,66*(4), 423–458.

Lyman, F., & McTighe, J. (1988). Cueing thinking in the classroom: The promise of theory-embedded tools. *Educational Leadership,* April 7.

Marshmallow test points to biological basis for delayed gratification. (2011) *Science Daily,* September 1.

Martin, A. J. (2006). Personal bests (PBs): A proposed multidimensional model and empirical analysis. *British Journal of Educational Psychology, 76,* 803–825.

Marzano, R. J. (2003). *Classroom management that works: Research-based strategies for every teacher.* Alexandria, VA: ASCD.

Marzano, R. J. (2006). *Classroom assessments and grading that work.* Alexandria, VA: ASCD.

Marzano, R. J. (2009). *Designing and teaching learning goals and objectives.* Englewood, CO: Marzano Research Laboratory.

Marzano, R. J. (2010). Meeting students where they are. *Education Leadership, 67*(5), 71–72.

Marzano, R. J. (n.d.). Proficiency Scales for the Common Core. Solution Tree Webinar. http://pages.solution-tree.com/rs/solutiontree/images/LOWRES_35MEU_MRL_ProficiencyScalesForCC_webinar.pdf.

Marzano, R. J., & Brown, J. L. (2009). *A handbook for the art and science of teaching.* Alexandria, VA: ASCD.

Marzano, R. J., & Pickering, D. L. (2005). *Building academic vocabulary: Teacher's manual.* Alexandria, VA: ASCD.

Marzano, R. J., Pickering, D. J., & Pollock, J. E. (2001). *Classroom instruction that works:Research-based strategies for increasing student achievement.* Alexandria, VA: ASCD.

Marzano, R. J., Yanoski, D. C., Hoegh, J. K., & Simms, J. A. (2012). *Using Common Core Standards to enhance classroom instruction and assessment.* Bloomington, IN: Solution Tree.

Maslow, A. (1968). *Toward a psychology of being* (2nd ed.). New York: Van Nostrand.

Mayer, R. E. (1996). Learning strategies for making sense out of expository text: The SOI model for guiding three cognitive processes in knowledge construction. *Educational Psychology Review, 8*(4), 357–371.

Mayer, R. E. (2008). *Learning and instruction.* (2nd ed.). Upper Saddle River, NJ: Prentice Hall.

Mayer, R. E. (2010). Applying the science of learning to instruction in school subjects.In R. Marzano (Ed.), *On excellence in teaching* (93–112). Bloomington, IN:Solution Tree Press.

McCarthy, B. (2000). *About teaching: 4MAT in the classroom.* Wauconda, IL: About Learning.

McCombs, B. L., & Whisler, J. S. (1997). *The learner-centered classroom and school.* San Francisco: Jossey-Bass.

McIntyre, D., Peddler, D., & Rudduck, J. (2005). Pupil voice: Comfortable and uncomfortable learning for teachers. *Research Papers in Education, 20*(2), 149–168.

Mcleod, S. A. (2007). Vygotsky. http://www.simplypsychology.org/

vygotsky.html.

McTaggart, L. (2008). *The intention experiment: Using your thoughts to change your life and the world*. New York: Atria Books.

McTighe, J., & Wiggins, G. (2013). *Essential questions. Opening doors to student understanding*. Alexandria, VA: ASCD.

Medina, J. (2008). *Brain rules: 12 principles for surviving and thriving at work, home, and school*. Seattle: Pear Press.

Meehan, H. (1979). What time is it, Denise? Asking known information questions in classroom practice. *Theory into Practice, 18,* 285–294.

Metlife Foundation. (2012). MetLife Survey of the American Teacher. https://www.metlife.com/metlife-foundation/about/survey-american-teacher.html?WT.mc_id=vu1101.

Miller, G. A. (1956). The magic number seven plus or minus two: some limits on our capacity to process information. *Psychological Review, 63*(2), 81–97.

Mischel, W., Ebbeson, E. B., & Raskoff Zeiss, A. (1972). Cognitive and attentional mechanisms in delay of gratification. *Journal of Personality and Social Psychology, 21*(2), 204–218.

Mischel, W., Shoda, Y., & Rodriguez, M. L. (1989). Delay of gratification in children. *Science, 244,* 933–938.

Montgomery, W. (2000). Literature discussion in the elementary school classroom: Developing cultural understanding. *Multicultural Education, 8*(1), 33–36.

Moss, C. M., & Brookhart, S. M. (2012). *Learning targets: Helping students aim for understanding in today's lesson.* Alexandria, VA: ASCD.

Multitasking May Not Mean Higher Productivity. (2009). *Talk of the Nation,* National Public Radio. http://www.npr.org/templates/story/story.php?storyId=112334449.

Murphy, C. (2011). *Why games work and the science of learning.* McLean, VA: Alion Science and Technology Corp.

Naested, I., Potvin, B., & Waldron, P. (2004). *Understanding the landscape of teaching.* Toronto: Pearson Education.

Naglieri, J. A., & Das, J. P. (1997a). *Cognitive assessment system. Administration and scoring manual—interpretive handbook.* Itasca, IL: Riverside.

Naglieri, J. A., & Das, J. P. (1997b). Intelligence revised: The planning, attention, simultaneous, successive (PASS) cognitive processing theory. In R. F. Dillon(Ed.), *Handbook on testing* (136–163). Westport, CT: Greenwood Press.

Nakamura, J., & Csikszentmihalyi, M. (2002). The concept of flow. In C. R. Snyder & S. J. Lopez (Eds.), *Handbook of positive psychology* (89–105). Oxford: Oxford University Press.

National Council of Teachers of Mathematics. (2007). *Common Core State Standards.* http://www.nctm.org/ccssm.

National Institute of Mental Health (NIMH). (2001). *Teenage brain: A work in progress—A brief overview of research into brain development during adolescence.* Rockville, MD: NIMH.

National Research Council. (2003). *Engaging schools: Fostering high school students' motivation to learn.* Atlanta: National Academies Press.

Neumann, A. (2006). Professing passion: Emotion in the scholarship of professors at research universities. *American Educational Research Journal, 43*(3), 381–424.

Newell, A. (1990). *Unified theories of cognition.* Cambridge, MA: Harvard University Press.

Nicol, D., & Draper, S. (2008). *Redesigning written feedback to students when class sizes are large.* Paper presented at the Improving University Teachers Conference, July 29–August 1, Glasgow.

Nicol, D., & Macfarlane-Dick, D. (2005). *Rethinking formative assessment in HE: A theoretical model and seven principles of good feedback practice.* Gloucester, UK: Quality Assurance Agency for Higher Education.

Nieto, S. (1996). *Affirming diversity: The sociopolitical context of education.* White Plains, NY: Longman.

Nolen-Hoeksema, S., & Hilt, L. M. (Eds.) (2012). *Handbook of depression in adolescents.* New York: Routledge.

Nottingham, J. (2012). *Labels limit learning.* Video presentation. tedxtalks.ted.com/video/James-Nottingham-on-Labels-Limi.

Nuthall, G. A. (2007). *The hidden lives of learners.* Wellington: New Zealand Council for Educational Research.

O'Keefe, J., & Nadel, L. (1978). *The hippocampus as a cognitive map.* Oxford: Clarendon Press.

Oczuks, L. (2003). *Reciprocal teaching at work: Strategies for improving reading comprehension*. Newark, DE: International Reading Association.

Ogle, D. M. (1986). K-W-L: A teaching model that develops active reading of expository text. *Reading Teacher, 39,* 564–570.

Ophir, E., Nass, C. I., & Wagner, A. D. (2009). Cognitive in media multitaskers. *Proceedings of the National Academy of Sciences USA, 106*(37), 15583–15587.

Ornstein, R., & Thompson, R. (1984). *The amazing brain.* Boston: Houghton Mifflin.

Paley, V. (1992). *You can't say you can't play.* Cambridge, MA: Harvard University Press.

Palincsar, A. S. (1986). *Reciprocal teaching: Teaching reading as thinking.* Oak Brook, IL: North Central Regional Educational Laboratory.

Palincsar, A. S., & Brown, A. (1984). Reciprocal teaching of comprehension fostering and comprehension monitoring activities. *Cognition and Instruction, 1*(2),117–175.

Palincsar, A. S., Ransom, K., & Derber, S. (1989). Collaborative research and development of reciprocal teaching. *Educational Leadership, 46*(4), 37–40.

Panksepp, J. (1998). *Affective neuroscience: The foundations of human and animal emotions*. New York: Oxford University Press.

Panksepp, J., & Biven, L. (2012). *The archaeology of mind: Neuroevolutionary origins of human emotions*. New York: Norton.

Parker, J. (2006). Developing perceptions of competence during practice learning. *British Journal of Social Work, 36* (6), 1017–1036.

Partnership for 21st Century Schools. (n.d.). *Learning for the 21st century guide.* Washington, DC. http://www.p21.org/storage/documents/P21_Report.pdf.

Peake, P. K., & Rodriguez, M. L. (2000). Regulating the interpersonal self: Strategic self-regulation for coping with rejection sensitivity. *Journal of Personality and Social Psychology, 79*(5), 776–792.

Pecina, S., & Berridge, K. (2013). Dopamine or opioid stimulation of nucleus accumbens similarly amplify cue-triggered "wanting" for reward. *European Journal of Neuroscience, 37,* 1529–1540.

Peer Research Laboratory. (2002). *Peer tutoring works both ways.* National Self-Help Clearinghouse, http://www.selfhelpweb.org/peer.html.

Perkins, D. (1991). What creative thinking is. In A. Costa (Ed.), *Developing minds: A resource book for teaching thinking* (rev. ed., vol. 1, 85–88). Alexandria, VA: ASCD.

Perkins, D. (1995). *Smart schools.* New York: Free Press.

Perry, K. E., & Weinstein, R. S. (1998). The social context of early schooling and children's school adjustment. *Educational Psychologist, 33*(4), 177–194.

Peterson, R. (2005). Investing lessons from neuroscience: fMRI of the reward system. *Brain Research Bulletin, 67* (5), 391–397.

Peterson, R. (2007). *Inside the investor's brain: The power of mind over money.* New York: Wiley.

Petty, G. (2009). *Evidence-based teaching: A practical approach.*

Cheltenham, UK: Nelson Thomes.

Piaget, J. (1965/1941). *The child's conception of number*. New York: Norton.

Piaget, J. (1970). *Genetic epistemology*. New York: Norton.

Piaget, J. (1971/1967). *Biology and knowledge: An essay on the relations between organic regulations and cognitive processes* (B. Walsh, Trans.). Chicago: University of Chicago Press.

Piaget, J. (1972). *The psychology of the child*. New York: Basic Books.

Piaget, J. (1978/1976). *Behavior and evolution* (D. Nicholson-Smith, Trans.). New York: Random House.

Piaget, J. (1990). *The child's conception of the world*. New York: Littlefield Adams.

Pianta, R. C. (1999). *Enhancing relationships between children and teachers*. Washington, DC: American Psychological Association.

Pianta, R. C., & Hamre, B. (2001). *Students, teachers, and relationship support [STARS]: User's guide*. Lutz, FL: Psychological Assessment Resources.

Pillay, S. (2011). *The science behind the law of attraction: A step-by-step guide to putting the brain science behind the law of attraction to work for you*. Cambridge, MA: NeuroBusiness Group.

Pilonieta, P., & Medina, A. L. (2009). Reciprocal teaching for the primary grades: "We can do it too!" *The Reading Teacher, 63* (2), 120–129.

Popham, J. (2013). *Classroom assessment: What teachers need to know* (7th ed.). Boston: Pearson.

Poskitt, J. (2004). Book review: Clarke, S., Timperley, H., & Hattie J. (2003).Unlocking formative assessment: Practical strategies for enhancing students' learning in the primary and intermediate classroom (NZ ed.). Auckland, Hodder Moa Beckett. *New Zealand Journal of Teachers' Work, 1*(2), 116–118.

Posner, M. I., & Rothbart, M. K. (2007). Research on attention networks as a model for the integration of psychological science. *Annual Review of Psychology, 58,* 1–23.

Pratt, S., & George, R. (2005). Transferring friendships: Girls' and boys' friendships in the transition from primary to secondary school. *Children & Society,19*(1), 16–26.

Prensky, M. (2001). *Digital game-based learning.* New York: McGraw-Hill.

Qin, Z., Johnson, D. W., & Johnson, R. T. (1995). Cooperative versus competitive efforts and problem solving. *Review of Educational Research, 65*(2), 129–143.

Quaglia, R. J., & Corso, M. J. (2014). *Student voice: The instrument of change.* Thousand Oaks, CA: Corwin.

Ratey, J. J. (2008). *Spark: The revolutionary new science of exercise and the brain.* New York: Little, Brown.

Raz, A., & Buhle, J. (2006). Typologies of attentional networks. *Nature Reviews Neuroscience, 7,* 367–379.

Reeve, J. (1996). The interest-enjoyment distinction in intrinsic motivation.

Motivation and Emotion, 13, 83–103.

Reeve, J. (2002). Self-determination theory applied to educational settings. In E. L. Deci & R. M. Ryan (Eds.), *Handbook of self-determination research* (183–203). Rochester, NY: University of Rochester Press.

Reeves, D. B. (2002). *Making standards work: How to implement standards-based assessments in the classroom, school, and district* (3rd ed.). Denver, CO: Advanced Learning Press.

Rimm-Kaufman, S. E., & Chiu, Y. I. (2007). Promoting social and academic competence in the classroom: An intervention study examining the contributionof the responsive classroom approach. *Psychology in the Schools, 44*(4), 397–413.

Rimm-Kaufman, S. E., Early, D. M., Cox, M. J., Saluja, G., Pianta, R. C., Bradley, R. H., & Payne, C. (2002). Early behavioral attributes and teachers' sensitivity as predictors of competent behavior in the kindergarten classroom. *Journal of Applied Developmental Psychology, 23*(4), 451–470.

Robbins, P. M., Gregory, G. H., & Herndon, L. E. (2000). *Thinking inside the block schedule: Strategies for teaching in extended periods of time.* Thousand Oaks, CA: Corwin.

Rosenshine, B., & Meister, C. (1994). Reciprocal teaching: A review of the research. *Review of Educational Research, 64*(4), 479–530.

Rowe, M. B. (1986). Wait time: Slowing down may be a way of speeding up! *Educator,* Spring, 43.

Rubie-Davies, C. M. (2014). *Becoming a high expectation teacher: Raising the bar.* London: Routledge.

Rubinstein, J. S., Meyer, D. E., & Evans, J. E. (2001). Executive control of cognitive processes in task switching. *Journal of Experimental Psychology: Human Perception and Performance, 27*(4), 763–797.

Rudasill, K. M., Rimm-Kaufman, S. E., Justice, L. M., & Pence, K. (2006). Temperament and language skills as predictors of teacher-child relationship quality in preschool. *Early Education and Development, 17*(2), 271–291.

Rutledge. P. (2012). The positive side of video games: Part III. The Media Psychology Blog. http://rutledge103.rssing.com/browser.php?indx=9357935&item=1.

Sadler, D. R. (1989). Formative assessment and the design of instructional systems. *Instructional Science, 18*(2), 119–144.

Salamone, J. D. (1994). The involvement of nucleus accumbens dopamine in appetitive and aversive motivation. *Behavioural Brain Research, 61*(2), 117–133.

Salamone, J. D., & Correa, M. (2002). Motivational views of reinforcement:Implications for understanding the behavioral functions of nucleus accumbens dopamine. *Behavioural Brain Research, 137,* 3–25.

Saltzman, A. (n.d.). Mindfulness: *A guide for teachers.* http://www.pbs.org/thebud dha/teachers-guide.

Sanderson, D. (2003). Engaging highly transient students. *Education, 123*(3), 600–605.

Sapolsky, R. M. (1998). *Why zebras don't get ulcers.* New York: Freeman.

Sarason, S. (1971). *The culture of the school and the problem of change.* Boston: Allyn & Bacon.

Sarason, S. (1990). *The predictable failure of school reform.* San Francisco: Jossey-Bass.

Schaffer, O. (2013). Crafting fun user experiences: A method to facilitate flow. *Human Factors International Whitepaper.* Retrieved from http://www.humanfactors.com/whitepapers/crafting_fun_ux.asp.

Schlam, N. L., Wilson, S., Yuichi, M., Mischel, W., & Ayduk, O. (2013). Preschoolers' delay of gratification predicts their body mass 30 years later. *The Journal of Pediatrics, 162,* 90–93.

Seitz, A. R., & Watanabe, T. (2003). Psychophysics: Is subliminal learning really passive? *Nature, 422*(36).

Senge, P. M., Roberts, C., Ross, R. B., Smith, B. J., & Kleiner, A. (1994). *The fifth discipline fieldbook: Strategies and tools for building a learning organization.* New York: Doubleday/Currency.

Shachar, H., & Sharon, S. (1994). Talking, relating, and achieving: Effects of cooperative learning circles. *Instructional Science, 19,* 445–466.

Shachtman, T. (1995). *The inarticulate society: Eloquence and culture in America.* New York: Simon & Schuster.

Sharan, D., & Hertz-Lazarowitz, R. (1980). A group investigation method of cooperative learning in the classroom. In S. Sharan, P. Hare, C. D. Webb, &R. Hertz-Lazarowitz (Eds.), *Cooperatioin in education* (14–46). Provo, UT: Brigham Young University Press.

Sharan, S. (1980). Cooperative learning in small groups: Recent methods and effects on achievement, attitudes and ethnic relations. *Review of Educational Research, 50*(2), 241–271.

Sharan, S., & Sharan, Y. (1992). *Expanding cooperative learning through group investigation.* Colchester, VT: Teachers College Press.

Sharan, Y., & Sharan, S. (1990). Group investigation expands cooperative learning. *Educational Leadership, 47*(4), 17–21.

Sharon, S. (1994). *Handbook of cooperative learning methods.* Westport, CT: Greenwood Press.

Sheets, R. H., & Gay, G. (1996). Student perceptions of disciplinary conflict in ethnically diverse classrooms. *NASSP Bulletin,* May, 84–93.

Shernoff, D. J., & Csikszentmihalyi, M. (2009). Flow in schools: Cultivating engaged learners and optimal learning environments. In R. C. Gilman, E. S. Heubner & M. J. Furlong (Eds.), *Handbook of positive psychology in schools*(131–145). New York: Routledge.

Shernoff, D., Csikszentmihalyi, M., Shneider, B., & Shernoff, E. S. (2003). Student engagement in high school classrooms from the perspective of flow theory. *School Psychology Quarterly, 18,* 158–176.

Shoda, Y., Mischel, W., & Peake, P. K. (1990). Predicting adolescent cognitive and self-regulatory competencies from preschool delay of gratification: Identifying diagnostic conditions. *Developmental Psychology, 26*(6), 978–986.

Shute, V. J. (2008). Focus on formative feedback. *Review of Educational Research, 78*(1), 153–189.

Skinner, B. F. (1968). *The technology of teaching*. New York: Appleton-Century-Crofts.

Slater, W. H., & Horstman, F. R. (2002). Teaching reading and writing to struggling middle school and high school students: The case for reciprocal teaching.*Preventing School Failure, 46*(4), 163.

Slavin, R. E. (1990). *Cooperative learning: Theory, research, and practice.* Englewood Cliffs, NJ: Prentice Hall.

Slavin, R. E. (1994). *Collaborative learning: Theory, research and practice* (2nd ed.). Boston: Allyn & Bacon.

Slavin, R. E. (1995). *Cooperative learning*. Boston: Allyn & Bacon.

Smith, R., & Lambert, M. (2008). Assuming the best. *The Positive Classroom, 66*(1),16–21.

Smith S. L. (2009). *Academic target setting: Formative use of achievement data*. Unpublished doctoral thesis, University of Auckland.

Snyder, C. R., Harris, C., Anderson, J. R., (1991). The will and the ways: Development and validation of an individual-differences measure of hope. *Journal of Personality and Social Psychology, 60,* 570–585.

Solms, M., & Panksepp, J. (2012). The "id" know more than the "ego" admits: Neuropsychoanalytic and primal consciousness perspectives on the interface between affective and cognitive neuroscience. *Brain Sciences, 2,* 147–175.

Sousa, D. (2006). *How the brain learns: A classroom teacher's guide* (3rd ed.). Thousand Oaks, CA: Corwin.

Sowell, E. R., Thompson, P. M., Holmes, C. J., Jernigan, T. L., & Toga, A. W. (1999).In vivo evidence for post-adolescent brain maturation in frontal and striatal regions. *Nature Neuroscience, 2*(10), 859–861.

State of Kentucky. (2014). Student Voice Survey materials. http://education.ky.gov/teachers/PGES/TPGES/Documents/2014-15%20Student%20Voice%20Survey%20Guide.pdf.

Steele, C. F. (2009). *The inspired teacher: How to know one, grow one or be one.* Arlington, VA: ASCD.

Sternberg, R. J. (1984). *Beyond I.Q.: A triarchic theory of human intelligence.* New York: Cambridge University Press.

Sternberg, R. J. (2006). Creativity is a habit. *Education Week,* February 22, 47, 64.

Sternberg, R., & Wagner, R. (1982). *Understanding intelligence: What's in it for education?* Paper submitted to the National Commission on Excellence in Education.

Sternberg, Robert J. (1996). *Successful intelligence: How practical and creative intelligence determines success in life.* New York: Simon & Schuster.

Stiggins, R. (2014). *Revolutionize assessment, empower students, inspire learning.* Thousand Oaks, CA: Corwin.

Stiggins, R., Arter, J. A., & Chappuis, J. (2007). *Classroom assessment for student learning:Doing it right—using it well.* Washington, DC: Educational Testing Service.

Storm, E., & Tecott, L. H. (2005). Social circuits: peptidergic regulation of mammalian social behavior. *Neuron, 47*(4), 483–486.

Stricklin, K. (2011). Hands-on reciprocal teaching: A comprehension technique. *The Reading Teacher, 64* (8).

Sweller, J. (1988). Cognitive load during problem solving: Effects on learning. *Cognitive Science, 12*(2), 257–285.

Sweller, J. (2008). Cognitive load theory and the use of educational technology. *Educational Technology, 48*(I), 32–34.

Synder, C. R., Harris, C., Anderson, J. R., et al. (1991). The will and the ways: Development and validation of an individual-differences measure of hope. *Journal of Personality and Social Psychology, 60,* 570–585.

Taras, M. (2003). To feedback or not to feedback in student self-assessment. *Assessment and Evaluation in Higher Education, 28*(5), 549–565.

Thorndike, E. (1932). *The fundamentals of learning.* New York: Columbia University Press.

Thousand, J., Villa, A., & Nevin A. (Eds). (2002). *Creativity and collaborative learning.* Baltimore, MD: Brookes.

Toga, A., & Thompson, P. (2003). Temporal dynamics of brain anatomy. Annual *Review of Biomedical Engineering, 5,* 119–145.

Topping, K. (2008). *Peer-assisted learning: A practical guide for teachers.* Newton, MA:Brookline Books.

Tortora, G., & Grabowski, S. (1996). *Principles of anatomy and physiology* (8th ed.). New York: Harper Collins.

Tough, P. (2011). What if the secret to success is failure? *The New York*

Times, September 14. www.nytimes.com/2011/09/18/magazine/what-if-the-secret-to-success-is-failure.html.

Tough, P. (2012). *How children succeed: Grit, curiosity and the hidden power of character.* New York: Houghton-Mifflin,

Trzcinksi, L. S. (2013). *Seeing is believing: The science behind visualization.* http://www.voler.com/connect/detail/li/SeeingIsBelievingTheScienceBehindVisualization#sthash.otJa1p0I.dpuf.

University of California, Berkeley, Center for Teaching and Learning. (n.d.).*Learning goals/outcomes.* http://teaching.berkeley.edu/learning-goalsoutcomes#sthash.RdKreyaz.dpuf.

Vygotsky, L. S. (1978). *Mind in society: The development of higher psychological processes.* Cambridge, MA: Harvard University Press.

Vygotsky, L. S. (1987). Thinking and speech. In L. S. Vygotsky, *Collected works* (vol. 1,39–285) (R. Rieber & A. Carton, Eds; N. Minick, Trans.). New York: Plenum.(Original works published in 1934, 1960.)

Waelti, P., Dickinson, A., & Schultz, W. (2001). Dopamine responses comply with basic assumptions of formal learning theory. *Nature, 412,* 43–48.

Wang, J., Rao, H., Wetmore, G. S., et al. (2005). Perfusion functional MRI reveals cerebral blood flow pattern under psychological stress. *Proceedings of the National Academy of Sciences USA, 102,* 17804–17809.

Wasserman, H., & Danforth, H. E. (1988). *The human bond: Support groups and mutual aid.* New York: Springer.

Watanabe, T., Nanez, J., & Sasaki, Y. (2001). Perceptual learning without perception. *Nature, 413,* 844–848.

Waterman, R. (1987). *The renewal factor: How the best get and keep the competitive edge.* New York: Bantam.

Whimbey, A. (1980). Students can learn to be better problem solvers. *Educational Leadership, 37*(7), 560–565.

Whimbey, A., Whimbey, L. S., & Shaw, L. (1975). *Intelligence can be taught.* New York: Erlbaum.

Wiggens, G., & McTighe, J. (1998). *Understanding by design.* Alexandria, VA: ASCD.

Wiliam, D. (2006). Assessment for learning: why, what and how. *Critical Quarterly, 42*(1), 105–127.

Wiliam, D. (2006). Formative assessment: Getting the focus right. *Educational Assessment, 11*(3–4), 283–289.

Wiliam, D. (2007). Content then process: Teacher learning communities in the service of formative assessment. In D. B. Reeves (Ed.), *Ahead of the curve: The power of assessment to transform teaching and learning* (183–204). Bloomington, IN: Solution Tree.

Wiliam, D. (2011). *Embedded formative assessment.* Bloomington, IN: Solution Tree Press.

Wilkinson, I. A. G., & Fung, I. Y. Y. (2002). Small-group composition and peer effects. *International Journal of Educational Research, 37,* 425–447.

Williams, J. (2010). Taking on the role of questioner: Revisiting reciprocal teaching. *The Reading Teacher, 64*(4), 278–281.

Willingham, D. (2009). *Why don't students like school? A cognitive scientist answers questions about how the mind works and what it means for the classroom.* San Francisco: Jossey-Bass.

Willis, J. (2007). *Research-based strategies to ignite student learning: Insights from a neurologist and classroom teacher.* Alexandria, VA: ASCD.

Wilson, B. L., & Corbett, H. D. (2007). Students' perspectives on good teaching:Implications for adult reform behavior. In D. Thiessen & A. Cook-Sather(Eds.), *International handbook of student experience in elementary and secondary school* (283–314). Dordrecht, Netherlands: Springer.

Wlodkowski, R. J. (1983). *Motivational opportunities for successful teaching* [Leader'sGuide]. Phoenix, AZ: Universal Dimensions.

Wood, R., & Locke, E. (1990). Goal setting and strategy effects on complex tasks.In B. Staw & L. Cummings (Eds.), *Research in organizational behavior* (vol. 12,73–109). Greenwich, CT: JAI Press.

Wood, R., Mento, A., & Locke, E. (1987). Task complexity as a moderator of goal effects. *Journal of Applied Psychology, 17,* 416–425.

Wood, R. E., & Lock, E. A. (1987). The relation of self efficacy and grade goals to academic performance. *Educational and Psychological Measurement, 47*(4),1013–1024.

Wright, J. S., & Panksepp, J. (2012). An evolutionary framework to understand foraging, wanting, and desire: The neuropsychology of the SEEKING system. *Neuropsychoanalysis, 14*(1), 5–39.

Yeh, S. S. (2011). *The cost-effectiveness of 22 approaches for raising student achievement*. Charlotte, NC: Information Age.

Yu-Fen, Y. (2010). Developing a reciprocal teaching/learning system for college remedial reading instruction. *Computers and Education, 55,* 1193–1201.

Zakrzewski, V. (n.d.). Great Good blog. http://greatergood.berkeley.edu/author/vicki_zakrzewski.

Zull, J. (2002). *The art of changing the brain.* Sterling, VA: Stylus Publishing.

"前沿教育"书系书目

《创新教育模式：让课堂"活"起来》
《家校合作：5个原则读懂教育互动》
《打造全新课堂：协作式教学探究》
《FNO框架：从学校到名校》（第三版）
《大教育：学校、家庭与社区合作体系》（第三版）
《反思课堂教学：为未来的挑战做准备》（第三版）
《参与度研究：防止厌学的诀窍》
《校长之道：只为成就教师和学生》（第四版）
《教师：如何与问题家长相处》（第二版）
《高能校长的十种身份》
《校长决策力：复杂问题案例研究》
《反欺侮：让学生远离恐惧》
《美国学校的安保与应急方案》
《校园文化：发现社团的价值》
《领导力：卓越校长的名片》
《发掘内在潜力：让教师成为教育家》
《乘数效应：发现学校里的天才》
《课堂内外：打造全方位发展的学生》
《美国教学质量监管与督导》
《思维学校建设之路》
《用数据说话：教学差距调查方法》
《有文化还不够：21世纪数字信息时代的流畅力》